Duden

SMS Schnell-Merk-System

Französisch
Grammatik
5. bis 10. Klasse

Dudenverlag
Berlin · Mannheim · Zürich

Inhaltsverzeichnis

1 Begleiter
Les déterminants

Der bestimmte Artikel *(l'article défini)*

	Singular	Plural
Maskulinum	**le/l'**	**les**
Femininum	**la/l'**	**les**

Singular

Im Deutschen gibt es drei **Geschlechter** (angezeigt durch der, die oder das), im Französischen zwei. *le* begleitet männliche, *la* weibliche Substantive.
Aufgepasst: Steht *le* oder *la* vor Vokal oder stummem *h,* werden *le* und *la* apostrophiert: *l'*.

le livre
la lettre
l'ami · **l'**amie · **l'**histoire · **l'**hôtel

Plural

Steht das Substantiv (↑ S. 12 f.) im Plural, benötigt man auch die Pluralform des Artikels. Die weibliche und männliche Pluralform des bestimmten Artikels lautet *les*.

les voitures *(zu* la voiture) · les livres *(zu* le livre)

Aufgepasst:

- *le* und *les* werden unterschiedlich ausgesprochen. — le [lə] · les [le]
- Steht *les* vor Vokal oder stummem *h,* wird das *-s* (stimmhaft) hörbar. — les examens [lez ɛgzamɛ̃]

à/de + bestimmter Artikel

à +	le →	**au**		de +	le →	**du**
	la/l' →	**à la/l'**			la/l' →	**de la/l'**
	les →	**aux**			les →	**des**

Steht vor einem bestimmten Artikel die **Präposition *à*** oder ***de***, verschmelzen *le* und *les* mit der Präposition zu einem zusammengezogenen Artikel.

Je vais **au** cinéma. · Je vais **aux** Etats-Unis. · Je viens **du** zoo/**des** toilettes.

Der unbestimmte Artikel *(l'article indéfini)*

	Singular	Plural
Maskulinum	**un**	**des**
Femininum	**une**	**des**

Singular

Im Französischen gibt es wie im Deutschen zwei unbestimmte Artikel im Singular: *un* steht vor männlichen, *une* vor weiblichen Substantiven.

un livre
une lettre

Plural

Im Unterschied zum Deutschen gibt es im Französischen im Plural den unbestimmten Artikel *des*.

un enfant – **des** enfants (ein Kind – Kinder)

Aufgepasst: In der **Verneinung** ändert sich der unbestimmte Artikel:
pas + un/des → pas de

Je ne veux **pas de vélo!** · Je ne veux **pas de CDs!**

Der Teilungsartikel *(l'article partitif)*

In fast allen Fällen gilt: Steht im Deutschen kein Artikel, wird im Französischen der Teilungsartikel *(du, de la/l', des)* verwendet.

Im Französischen drückt der Teilungsartikel eine **unbestimmte Menge eines nicht zählbaren Stoffes** aus, z. B.

J'achète ***de la*** farine.

Im Deutschen werden **unbestimmte** Mengenangaben **ohne Artikel** ausgedrückt, z. B.

Ich kaufe Mehl.

Au Restaurant	**Im Restaurant**
■ Je prends **du** coca, et toi, **de l'**eau?	■ Ich möchte Cola, und du, Wasser?
■ Je prends **de la** salade et **des** frites.	■ Ich nehme Salat und Pommes.

Aufgepasst: Bei *aimer* steht im Französischen immer der bestimmte Artikel.

J'aime **le** rock, **la** musique classique, **les** films avec Jean Reno.

■ **avec du** sucre	mit (mit Teilungsartikel)
■ **sans** lait	ohne (ohne Teilungsartikel)
■ **bien des** étudiants	ziemlich viele
■ **la plupart des** étudiants	die meisten

Nach einer **Mengenangabe** folgt immer ***de*** oder ***d'*** und das Substantiv steht **ohne Artikel.**

Recette pour un bon week-end:	**Rezept für ein gutes Wochenende:**
■ **beaucoup de** chance,	viel Glück,
■ **un peu d'**énergie,	ein wenig Energie,
■ **assez de** courage,	genug Mut,
■ **trois jours de** soleil	drei Tage Sonne
■ et **un verre de** vin rouge.	und ein Glas Rotwein.
■ Mais **pas de** mauvaise humeur!	Aber **keine** schlechte Laune!

Der Possessivbegleiter *(le déterminant possessif)*

mask. Singular	**fem. Singular**	**mask./fem. Plural**
mon	ma	mes
ton	ta	tes
son (**bei il und elle!**)	**sa** (**bei il und elle!**)	**ses** (**bei il und elle!**)
notre	notre	nos
votre	votre	vos
leur	leur	leurs

Possessivbegleiter stehen **vor dem Substantiv,** dessen Besitzer sie anzeigen. Sie passen sich in Geschlecht und Zahl diesem Substantiv an. Das bedeutet, auch wenn es um eine Frau geht, kann es *son* heißen.

le CD – **mon** CD · **la** copine – **ma** copine · **les** devoirs – **mes** devoirs
Le père aime **sa** fille. · La mère aime **son** fils.

Aufgepasst: Verwechsle *leur* nicht mit dem indirekten Objektpronomen *leur* (↑ S. 29).

C'est **leur** maison.
aber: Je **leur** téléphone.

Treffen *ma, ta, sa* auf ein Substantiv, das mit einem Vokal oder stummem *h* beginnt, wird

- *ma* zu *mon,* — **mon** amie *(f)*, **mon** histoire *(f)*
- *ta* zu *ton,* — **ton** énergie *(f)*, **ton** horloge *(f)*
- *sa* zu *son.* — **son** erreur *(f)*, **son** habitude *(f)*

Der Demonstrativbegleiter
(le déterminant démonstratif)

	Singular	Plural
Maskulinum Femininum	**ce/cet** **cette**	**ces** **ces**

Der Demonstrativbegleiter **steht vor einem Substantiv,** das im Kontext schon genannt wurde und somit bekannt ist. In Geschlecht und Zahl bezieht er sich auf dieses Substantiv.

Nous avons acheté **une villa. Cette villa** est très grande.

Aufgepasst: Beginnt ein maskulines Substantiv mit einem Vokal oder einem stummen *h*, steht *cet*.

Cet après-midi je fais du ski. · **Cet** homme a trouvé mes clés.

Der Fragebegleiter quel
(le déterminant interrogatif)

	Singular	Plural
Maskulinum Femininum	**quel** **quelle**	**quels** **quelles**

quel steht **vor dem Substantiv** und bezieht sich in Geschlecht und Zahl auf dieses.

Quelle couleur?
Quel genre?
Quelles couleurs?
Quels genres?

- *quel* kann auch Subjekt eines Fragesatzes sein. Es folgt ihm eine Form von *être*.

Quel est ton nom?

- *quel* kann auch im Ausrufesatz stehen.

Quelle surprise!

Der Indefinitbegleiter *(le déterminant indéfini)*

aucun/e … ne	keine/r	**chaque**	jede/r Einzelne
quelques	einige	**plusieurs**	mehrere
certain/s/e/es	gewisse, einige	**tout/e/s, tous**	jede/r

Indefinitbegleiter bezeichnen eine **Anzahl** oder eine **Menge.** Sie stimmen in Geschlecht und Zahl mit dem Substantiv überein, vor dem sie stehen.

aucun examen, **aucunes** pièces. **certains** jours · **certaines** questions

Aufgepasst:

- *chaque* (immer Singular) und *plusieurs* (immer Plural) sind unveränderlich.

chaque jour/nuit · **plusieurs** jours/nuits

- Bei der Verwendung von *aucun/e* wird die Verneinung zusätzlich durch den Partikel *ne* oder *n'* angezeigt.

Aucune personne **n'**est venue.

Der Indefinitbegleiter ***tout*** steht immer gemeinsam **mit einem anderen Begleiter.** Ausnahmen sind einige wenige feste Wendungen. Er richtet sich in Geschlecht und Zahl nach dem Substantiv, das er näher bestimmt. Siehe auch Indefinitpronomen ↑ S. 34.

J'ai pris **tout** mon courage, pour dire à **toute** la famille que j'ai oublié **toutes** mes affaires et **tous** les vêtements.

Feste Wendungen mit tout		Feste Wendungen mit tout ohne weiteren Begleiter	
tout le monde	alle	en tout cas	auf alle Fälle
tout le temps	die ganze Zeit	à tout moment	jederzeit

2 Substantive
Les noms

Geschlecht *(le genre)*

Das französische Substantiv hat zwei Geschlechter: Es ist entweder feminin *(la)* oder maskulin *(le)*. Es steht meistens mit einem Begleiter, z. B. mit einem Artikel (↑ S. 4 ff.).	**la** grammaire **le** nom

Natürliches Geschlecht

Weibliche Personen haben immer einen femininen Begleiter, männliche Personen einen maskulinen.	**la** mère · **le** père · **ma** mère · **mon** père

Grammatisches Geschlecht

Für den Großteil aller Substantive gibt es keine feste Regel.	le soleil (die Sonne) · la lune (der Mond)
Folgende Faustregeln können in Zweifelsfällen helfen. Feminin sind:	
■ alle Substantive auf *-tion,*	**la** présenta**tion**
■ alle Substantive auf *-ette,*	**la** bagu**ette**
■ alle Substantive auf *-té,*	**la** beau**té**
■ alle Automarken,	**la** Peugeot 206
■ die meisten Substantive auf *-e,*	**la** tabl**e**
■ alle einsilbigen Substantive auf *-age.*	**la** pl**age** · **la** c**age** · **la** p**age**

Maskulin sind:

■ alle Farben,	**le** bleu
■ alle Sprachen,	**le** portugais
■ alle Baumarten,	**le** chêne · **le** sapin
■ alle Substantive auf *-ment,*	**le** mo**ment**
■ alle Substantive auf *-on,*	**le** viol**on** · **le** citr**on**
■ alle Substantive auf *-eau,*	**le** chap**eau**
■ mehrsilbige Substantive auf *-age.*	**le** gar**age** · **le** voy**age** *aber:* **une** im**age**

Für die **Berufsbezeichnungen** gelten folgende Regeln:

■ Meistens wird in der weiblichen Form an die Endung des männlichen Wortes ein *-e* angehängt. Dadurch wird der davor stehende Konsonant ausgesprochen und somit hörbar.	un étudiant [etydjɑ̃] – une étudiant**e** [etydjɑ̃t]
Aufgepasst: Viele Substantive ändern jedoch ihre Endung in der weiblichen Form.	un coiff**eur** – une coiff**euse** · un ac**teur** – une ac**trice**
■ Männliche Berufe, die bereits auf *-e* enden, bleiben in der weiblichen Form gleich. Nur der Artikel ändert sich.	un photograph**e** – une photograph**e** · un architect**e** – une architect**e**
■ Einige Berufe lauten für Frauen und Männer gleich.	**un** médecin · **un** professeur · **un** ingénieur
Aufgepasst: Man benutzt bestimmte Formulierungen, wenn ausdrücklich eine Frau gemeint ist.	**une femme** médecin · **Madame le** professeur
■ Feminine Formen auf *-esse* können abwertend wirken	la doctor**esse**

Pluralbildung *(le pluriel)*

Regelmäßige Pluralformen

Bei den meisten Substantiven hängt man im Plural *-s* an. Dieses *-s* ist nicht hörbar.
Dabei ändert sich auch der Begleiter, z. B. der Artikel (↑ S. 4 ff.).

le livre – les livre**s** · la maison – les maison**s**

un sac – **des** sacs · **la** page – **les** pages

Unregelmäßige Pluralformen

- Bei den Substantiven auf *-z, -s, -x* entspricht der Plural dem Singular.
- Bei den Substantiven auf *-eau* und *-eu* hängt man im Plural *-x* an.

Wortendung	Singular	Plural
z → z	le ne**z**	les ne**z**
s → s	le bu**s**	les bu**s**
x → x	le choi**x**	les choi**x**
eau → **eaux**	le bur**eau**	les bur**eaux**
eu → **eux**	le chev**eu**	les chev**eux**
aber:	le pn**eu**	les pn**eus**
al → **aux**	le journ**al**	les journ**aux**
aber:	le festiv**al**	les festiv**als**
ail → **aux**	le trav**ail**	les trav**aux**
aber:	le dét**ail**	les dét**ails**
Sonderformen:	l'œil [lœj] *(m)*	les **yeux** [lez jø].
	madame	**mes**dames
	monsieur	**mes**sieurs
	mademoiselle	**mes**demoiselles

Zusammengesetzte Substantive

(les noms composés)

Substantive können aus mehreren Wörtern bestehen, z. B. aus	
■ zwei Substantiven,	le mot-clé (Schlüsselwort)
■ zwei Adjektiven,	le sourd-muet (Taubstummer)
■ Adjektiv + Substantiv.	le grand-père

Plural

In der Regel erhalten **beide Wörter** des zusammengesetzten Substantivs ein Plural-**s.**	**les** mots**-**clé**s** **les** sourd**s**-muet**s** **les** grand**s**-père**s**
Es gibt zusammengesetzte Substantive,	
■ die aus einer Präposition und einem Substantiv bestehen. Hier erhält nur das **Substantiv** ein Plural-**s.**	l'arrière-plan (Hintergrund) – **les** arrière-plan**s** · l'après-midi – **les** après-midi(**s**)
■ die aus einem Verb und einem Substantiv gebildet sind. Das Substantiv erhält hier im Plural oftmals **kein -s.**	le porte-monnaie – **les** porte-monnaie *aber:* **les** couvre-lit**s** (Tagesdecken)
■ deren Teile durch eine Präposition verbunden werden. Hier wird der Plural nur beim **Substantiv vor der Präposition** gekennzeichnet.	le chef-d'œuvre (Meisterwerk) – **les** chef**s**-d'œuvre · l'eau-de-vie (Schnaps) – **les** eau**x**-de-vie

3 Adjektive
Les adjectifs

Geschlecht und Zahl *(le genre et le nombre)*

	Singular	Plural
Maskulinum	Adjektiv	Adjektiv **+s**
Femininum	Adjektiv **+e**	Adjektiv **+es**

Adjektive stimmen in Geschlecht und Zahl immer mit den **Substantiven, die sie näher bestimmen,** überein.

le pull **bleu** · la mer **bleue** · les cheveux *(m)* **bleus** · les cartes *(f)* **bleues**

Es gibt bei den Adjektiven also maskuline und feminine Formen, sowohl im Singular als auch im Plural.

Aufgepasst: In der femininen Form wird der Schlusskonsonant vor dem *-e* ausgesprochen. Dies gilt für die Singular- und Pluralformen.

vert(s) [vɛr] – verte(s) [vɛrt] · grand(s) [grɑ̃] – grande(s) [grɑ̃d]

Besonderheiten

Adjektive auf *-e* haben für Maskulinum und Femininum die gleiche Form. Die Aussprache ist ebenfalls gleich.

un homme **sympathique** · une femme **sympathique**

rouge	difficile	optimiste	drôle
moderne	possible	triste	suisse

Maskuline Adjektive auf *-s* oder *-x* haben im Singular und Plural die gleiche Form. Auch die Aussprache ist gleich.	un enfant **heureux** – des enfants **heureux**
Aufgepasst: Diese Regel gilt nicht für das Femininum (↑ S. 14, 16).	une situation heu**reuse** – des situations heur**euses**

heureux	sérieux	français	gros
dangereux	faux	gris	las

Die maskulinen Singularformen der Adjektive ***vieux, nouveau*** und ***beau*** werden vor einem Substantiv, das mit Vokal oder stummem *h* beginnt, zu *vieil, nouvel, bel.*	un **vieil a**rbre · un **vieil h**omme
	aber: trois **vieux** arbre**s**

vieux → vieil/le

un **vieux** port	un **vieil** ordinateur un **vieil** horoscope	une **vieille** maison une **vieille** amitié

nouveau → nouvel/le

un **nouveau** livre	le **nouvel** an un **nouvel** hôtel	la **nouvelle** cuisine une **nouvelle** amitié

beau → bel/le

un **beau** château	un **bel** arbre un **bel** hôtel	une **belle** maison une **belle** amitié

In **einigen zusammengesetzten Wörtern** (↑ S. 13) wird das Adjektiv nicht der Regel entsprechend angeglichen.	la grand-mère *aber:* les grand**s**-parents une demi-heure *aber:* une heure et demi**e**

TOPTHEMA

Überblick über unregelmäßige Adjektivformen

mask. Sg.	**fem. Sg.**	
séri**eux**	séri**euse**	**eux → euse**
ital**ien**	ital**ienne**	**ien → ienne**
europ**éen**	europ**éenne**	**éen → éenne**
b**on**	b**onne**	**on → onne**
proch**ain** [prɔʃɛ̃]	proch**aine** [prɔʃɛn]	**ain → aine**
dern**ier**	dern**ière**	**ier → ière**
prem**ier**	prem**ière**	
étran**ger**	étran**gère**	**ger → gère**
ch**er** [ʃɛr]	ch**ère** [ʃɛr]	**er → ère**
compl**et**	compl**ète**	**et → ète**
sporti**f**	sporti**ve**	**f → ve**
neu**f**	neu**ve**	
gro**s**	gro**sse**	**s, x → sse**
fau**x**	fau**sse**	
dou**x**	dou**ce**	**x → ce**
blan**c**	blan**che**	**c → che**
sec	s**è**c**he**	**c → che + accent**
frai**s**	fra**î**c**he**	**s → che + accent**
gent**il** [ʒɑ̃ti]	gent**ille** [ʒɑ̃tij]	**il → ille**
lon**g**	lon**gue**	**g → gue**
conserva**teur**	conserva**trice**	**teur → trice**

mask. Sg.	**mask. Pl.**	
soci**al**	soci**aux**	**al → aux**
nouv**eau**	nouv**eaux**	**eau → eaux**

Aufgepasst:

- Alle Farbadjektive, die von Substantiven abgeleitet werden, sind unveränderlich:
  orange · marron (Esskastanie) · mauve (Malve)
- Auch die Adjektive *super, sympa, extra, bon marché* sind unveränderlich.

Stellung *(la place de l'adjectif)*

- Die meisten Adjektive stehen **nach** dem Substantiv.

C'était un voyage **intéressant.**

- Einige **kurze,** zum Teil häufig gebrauchte Adjektive stehen **vor** dem Substantiv.

beau · bon · joli · petit · grand · gros · jeune · vieux · long

Nachgestellt werden:

- **Farbadjektive** und
- Adjektive zur Bezeichnung der **Nationalität.**

les yeux **verts**
le vin **français**

Einige Adjektive ändern ihre Bedeutung, je nachdem ob sie **vor- oder nachgestellt** werden:

une histoire **drôle** (lustig)	– une **drôle d'**histoire (seltsam)
sa maison **propre** (sauber)	– sa **propre** maison (eigen)
une personne **seule** (einsam)	– une **seule** personne (einzig)
le mois **dernier** (letzten Monat)	– le **dernier** mois (der letzte Monat)
une femme **pauvre** (arm)	– une **pauvre** femme (bedauernswert)

Adjektivergänzungen
(les compléments de l'adjectif)

Einige Adjektive können mit einem

- **Substantiv** (1) bzw. **Eigennamen** (2) oder
- einem **Infinitiv** (3) ergänzt werden.

Diese Ergänzungen werden oft mit *à* oder *de* angeschlossen.

Chantal est **amoureuse** (1) de son copain/(2) de Luc.

(3) C'est **facile à** comprendre.

Adjektivergänzungen mit *à* und *de* heißen **nominale Ergänzungen.**

mit de

amoureux/amoureuse de (verliebt in)
heureux/heureuse de (glücklich über)
plein/pleine de (voll von)
content/contente de (zufrieden mit)
jaloux/jalouse de (eifersüchtig auf)
fier/fière de (stolz auf)
capable de (fähig zu)
désolé/désolée de (betrübt über)
proche/loin de (nahe bei/weit von)

mit à

agréable à (angenehm zu)
comparable à (vergleichbar mit)
contraire à (gegen)
fidèle à (treu)
prêt/prête à (bereit zu)

Regelmäßige Steigerung

Komparativ

Die erste Steigerungsstufe von Adjektiven wird gebildet mit:

- **plus** + Adjektiv + **que** (1),
- **aussi** + Adjektiv + **que** (2),
- **moins** + Adjektiv + **que** (3).

(1) **plus** grand **que** (größer als)
(2) **aussi** grand **que** (genauso groß wie)
(3) **moins** grand **que** (kleiner als)

Aufgepasst: Bei Vergleichen steht immer *que* (dt.: wie, als). Das gesteigerte Adjektiv passt sich in Geschlecht und Zahl immer dem Substantiv an, auf das es sich bezieht.

Ces fleurs, elles sont **plus/moins/ aussi belles que** les fleurs là-bas.

Superlativ

Die höchste Steigerungsstufe von Adjektiven wird gebildet mit **vorangestelltem Artikel** und:

- **plus** + Adjektiv + Substantiv (1),
- **moins** + Adjektiv + Substantiv (2).

(1) J'ai vu **la plus** grande tour du pays.
(2) Mais c'était **la moins** belle.

Wird das Adjektiv in der Grundform **nachgestellt,** wird es auch im Superlativ nachgestellt. Dabei wird der Artikel des Substantivs noch einmal wiederholt.

le monument **le plus** intéressant · **les** châteaux **les plus** célèbres · l'église **la plus** ancienne

le / la / les	+ Substantiv +	le / la / les	+ plus/moins + Adjektiv

Unregelmäßige Steigerung

Die Adjektive ***bon*** und ***mauvais*** (in der Bedeutung von schlimm) haben unregelmäßige Steigerungsformen. Der Plural wird regelmäßig gebildet.

les meilleurs films · les meilleures actrices

Adjektiv	Komparativ	Superlativ
bon/bonne	meilleur/e	le/la meilleur/e
aber:	moins bon/bonne	le/la moins bon/bonne
mauvais/e (schlecht)	plus mauvais/e	le/la plus mauvais/e
mauvais/e (schlimm)	pire	le/la pire

4 Zahladjektive
Les adjectifs numéraux

Grundzahlen *(les nombres cardinaux)*

Mit den Grundzahlen gibt man eine Anzahl oder Menge an, mit den Ordnungszahlen (↑ S. 21) eine Rangordnung oder Reihenfolge.

trois jours

le **troisième** jour

Aufgepasst:

- *cent* nimmt im Plural -*s* an, wenn es am Ende einer Zahl steht.
- *mille* ist immer unveränderlich.

0 zéro
1 un/une
2 deux
3 trois
4 quatre
5 cinq
6 six
7 sept
8 huit
9 neuf

10 dix
11 onze
12 douze
13 treize
14 quatorze
15 quinze
16 seize
17 dix-sept
18 dix-huit
19 dix-neuf

20 vingt
21 vingt et un/une
22 vingt-deux
23 vingt-trois
24 vingt-quatre
25 vingt-cinq
26 vingt-six
27 vingt-sept
28 vingt-huit
29 vingt-neuf

30 trente
40 quarante
50 cinquante
60 soixante

70 soixante-dix
71 soixante et onze
72 soixante-douze
77 soixante-dix-sept
78 soixante-dix-huit
79 soixante-dix-neuf

80 quatre-vingt(s)
81 quatre-vingt-un/une

90 quatre-vingt-dix
91 quatre-vingt-onze

100 cent
101 cent un/une

200 deux cents
201 deux cent un/une
220 deux cent vingt

600 six cents
800 huit cents
1000 mille
2000 deux mille
1 000 000 un million

3 254 695 trois millions deux cent cinquante-quatre mille six cent quatre-vingt-quinze

Ordnungszahlen *(les nombres ordinaux)*

Sie werden gebildet, indem man an die Grundzahl *-ième* anhängt.
Bei 1. und 2. gibt es Sonderformen.

au dix**ième** étage

1er	le premier	14^{e}	le/la quator**zi**ème
1ère	la première	15^{e}	le/la quin**zi**ème
2^{e}	le/la deuxième	16^{e}	le/la sei**zi**ème
$2^{nd/e}$	le second, la seconde	17^{e}	le/la dix-septième
3^{e}	le/la troisième	20^{e}	le/la vingtième
4^{e}	le/la quat**ri**ème	21^{e}	le/la vingt et **unième**
5^{e}	le/la cin**qui**ème	30^{e}	le/la tren**ti**ème
6^{e}	le/la sixième	70^{e}	le/la soixante-dixième
7^{e}	le/la septième	71^{e}	le/la soixante et on**zi**ème
8^{e}	le/la huitième	80^{e}	le/la quatre-vingtième
9^{e}	le/la neu**vi**ème	81^{e}	le/la quatre-vingt-**unième**
10^{e}	le/la dixième	90^{e}	le/la quatre-vingt-dixième
11^{e}	le/la on**zi**ème	91^{e}	le/la quatre-vingt-on**zi**ème
12^{e}	le/la dou**zi**ème	100^{e}	le/la centième
13^{e}	le/la trei**zi**ème	1000^{e}	le/la millième

Bruchzahlen *(les fractions)*

Für sie gilt: Zähler = Grundzahl. Nenner = Ordnungszahl; wenn der Zähler > 1 stehen sie im Plural. Bruchzahlen mit dem Nenner 2, 3 und 4 haben eine eigene Form.

$\frac{1}{5}$ un cinquième
$\frac{4}{5}$ quatre cinquième**s**
$\frac{1}{2}$ un demi · $\frac{1}{3}$ un tiers · $\frac{1}{4}$ un quart · $\frac{3}{4}$ trois quart**s**

Datum *(la date)*

Für das Datum werden die Grundzahlen verwendet.

le **quatorze** juillet

Ausnahme: der 1. Tag eines Monats.

le **premier** mai

5 Adverbien
Les adverbes

Abgeleitete Adverbien *(les adverbes en -ment)*

Anders als im Deutschen haben die Adverbien im Französischen eine eigene, **unveränderliche** Form.

Grundregel

Die meisten Adverbien werden mit der **femininen Form des Adjektivs** gebildet, indem man ***-ment*** **anhängt** (↑ S. 14 ff.).

Il est **sérieux.** (ernsthaft) – Il travaille **sérieusement.** (ernsthaft)

aber:	gentil	→	**gentiment**
	bref	→	**brièvement**

Sonderformen

Adjektive, deren maskuline Form auf ***i*** oder ***u*** endet, bilden das Adverb nach der **maskulinen Form** des Adjektivs.

Adjektiv, mask.	Adjektiv, fem.	Adverb
vra**i**	vraie	vra**i**ment
absol**u**	absolue	absol**u**ment
		ebenso: poli, joli
aber: gai	gaie	gai**e**ment

Adjektive, deren maskuline Form auf ***-ant*** oder ***-ent*** endet, bilden das Adverb auf ***-amment*** bzw. ***-emment.*** *Aufgepasst:* Einige mehrsilbige Adverbien erhalten zusätzlich einen Akzent.	élég**ant:** élég**amment** · prudent: prud**emment** énorme → énorm**é**ment · précise → précis**é**ment
Einige Adverbien werden ganz unregelmäßig gebildet.	bon → bien · mauvais → mal · meilleur → mieux · rapide → vite (rapidement)
In einigen Fällen wird das Adjektiv auch als Adverb verwendet:	

coûter **cher** (teuer sein)	parler **haut/bas** (laut/leise sprechen)
voir **clair** (klar sehen)	chanter **faux** (falsch singen)
avoir **chaud** (warm sein)	sentir **bon** (gut riechen)

5

Ursprüngliche Adverbien *(les adverbes simples)*

Sie sind **nicht** von einem anderen Wort **abgeleitet.** Es gibt Adverbien

des Ortes	ici · là(-bas) · partout
der Zeit	maintenant · demain · déjà · longtemps · souvent · tard · toujours
der Menge	assez · beaucoup · trop · très
der Art und Weise	bien · ensemble · mieux · vite
der Negation	ne … pas · ne … plus · ne … rien (↑ S. 70 f.)

Funktion *(l'emploi)*

Adverbien können eine **nähere Bestimmung** sein von einem
- Verb (1),
- Adjektiv(2),
- Adverb (3).

(1) Tu **joues régulièrement** au foot?
(2) Ce gâteau est **vraiment bon!**
(3) Tu regardes **trop souvent** la télé!

Adverbien können auch einen **ganzen Satz** näher beschreiben. Stehen sie am Anfang des Satzes, erfordern sie ein Komma.

Heureusement, ils sont partis. La maison est à nous **enfin.**

Stellung *(la place de l'adverbe)*

Grundregel

Adverbien stehen **nach dem Verb,** auf das sie sich beziehen. Dies gilt für
- Adverbien auf *-ment,* — Nous avons compris **facilement.**
- ursprüngliche Adverbien der Art und Weise, — Il sort **vite.**
- Adverbien des Ortes, — Il va attendre **ici.**
- Adverbien der Zeit, — On arrive **bientôt!**
- Adverbien der Menge. — Elle lit **beaucoup.**

Sonderfälle

- ***trop, toujours*** (1) und
- einige kurze, häufig gebrauchte Adverbien (2) stehen im Passé composé **vor dem Partizip.**

(1) J'ai **trop** bu. · J'ai **toujours** pensé à lui.
(2) Nous avons **bien** mangé, mais nous avons **mal** dormi.

■ Adverbien, die sich auf ein anderes **Adjektiv** oder **Adverb** beziehen, stehen vor ihrem Bezugswort.

Tu es **très** gentil. · Je te le dis **bien** franchement.

Regelmäßige Steigerung

Komparativ

Wie beim Adjektiv (↑ S. 18 f.) gilt für die Steigerung oder den Vergleich:

- Verb + **plus** + Adverb + **que,**
- Verb + **aussi** + Adverb + **que,**
- Verb + **moins** + Adverb + **que.**

Le jaguar court **plus** vite **que** le zèbre. · Le zèbre court **aussi** vite **que** la gazelle, mais l'escargot avance **moins** vite **que** tous les autres.

Superlativ

Auch die zweite Steigerungsform wird **wie beim Adjektiv** gebildet (↑ S. 19):

- Verb + **le plus** + Adverb,
- Verb + **le moins** + Adverb.

Le jaguar court **le plus** vite. · L'escargot avance **le moins** vite.

Unregelmäßige Steigerung

Unregelmäßig gesteigert werden:

Adverb	Komparativ	Superlativ
bien	mieux	le mieux
peu	moins	le moins
beaucoup	plus	le plus

d'une façon + adj (möglicherweise)
à toute vitesse
d'un seul coup...

6 Pronomen
Les pronoms

Wörter, die stellvertretend für einen Satzteil stehen, heißen Pronomen. Sie ersetzen z. B.:

- das Subjekt (1),
- das direkte oder indirekte Objekt (2) (↑ S. 66) oder
- eine Orts- oder Mengenangabe (3) (↑ S. 30 f.).

(1) **La jeune fille** écrit. – **Elle** écrit.
(2) Elle donne *le livre* **à son ami.** – Elle *le* **lui** donne.
(3) Elle va **à Rome.** – Elle **y** va.

Subjektpronomen *(les pronoms personnels sujet)*

Singular		Plural	
ich	**je**	wir	**nous**
du	**tu**	ihr/Sie	**vous**
er/sie	**il/elle**	sie (mask.)	**ils**
man	**on**	sie (fem.)	**elles**

Das Subjektpronomen **ersetzt das Subjekt** und **steht** immer zusammen **mit einem Verb.**

Mon copain s'appelle Yvon.
Il habite à Lille.

Besonderheiten

- *je* wird vor Vokal und stummem *h* apostrophiert.
- *il* kann auch *es* bedeuten.
- *on* ersetzt oft *nous.*

J'aime le ski.
J'habite à Berlin.
Il pleut.
On va au bistrot?

■ *ils* steht auch für gemischte Gruppen aus weiblichen und männlichen Personen.	**Luc et Marie** nagent. – **Ils** nagent.
■ *vous* steht im Deutschen für *ihr* oder *Sie*.	**Vous** (Sie) venez? **Vous** (ihr) venez?

Unverbundene Personalpronomen
(les pronoms personnels toniques)

Singular		Plural	
ich	**moi**	wir	**nous**
du	**toi**	ihr/Sie	**vous**
er	**lui**	sie (mask.)	**eux**
sie	**elle**	sie (fem.)	**elles**

Unverbundene Personalpronomen sind eine Besonderheit der französischen Sprache. Im Deutschen wird das Subjektpronomen verwendet und lediglich in der Aussprache betont. Man verwendet sie	**Moi** pas! (**Ich** [doch] nicht!) · **Moi** si. (**Ich** schon.)
■ zur Betonung von Subjektpronomen,	**Moi, je** préfère la chemise bleue.
■ in Äußerungen ohne Verb, wie z. B. einer pauschalen Bejahung oder Verneinung eines Satzes,	Je vais à la piscine. – **Moi** aussi! (Ich auch.) · Je n'y vais pas. – **Moi** non plus. (Ich auch nicht.)
■ nach Präpositionen wie *de, à, avec, pour, contre, sur,*	Viens **avec moi.** · Je compte **sur toi.**
■ beim Imperativ (mit Bindestrich) (↑ S. 32),	Laisse-**moi.**
■ nach *c'est* und *ce sont* (↑ S. 75).	Oui, c'est **moi**/ce sont **elles/eux.**

6

Direkte Objektpronomen
(les pronoms compléments d'objet direct)

Singular	Plural
me/m'	**nous**
te/t'	**vous**
se/s'	**se/s'**
le/la/l'	**les**

Direkte Objektpronomen **ersetzen das direkte Objekt** (↑ S. 66) im Satz.

Tu connais **cette chanson?** – Oui, je **la** connais. · Tu invites **tes amis?** – Oui, je **les** invite.

Aufgepasst:

- *me, te, se, le* und *la* werden vor Vokal und stummem *h* apostrophiert.

Julie aime **le rap.** – Julie **l'**aime.

- *me, te, se, nous* und *vous* können auch indirekte Objekt- oder Reflexivpronomen sein (↑ S. 29, 39).

Stellung

- Das direkte Objekt steht nach dem Verb, das direkte Objektpronomen **vor dem Verb.** Dies gilt auch bei der Verneinung (↑ S. 70 f.).

Tu connais **les films** de Disney? – Je **les** connais tous./Je ne **les** connais pas tous.

- Folgt auf das konjugierte Verb ein Infinitiv, steht das direkte Objektpronomen **vor dem Infinitiv:** *pouvoir, vouloir, savoir, aller* + Objektpronomen + Infinitiv.

Tu veux manger **ta salade** avant? – Oui, je veux **la** manger avant.

- Beim Passé composé (↑ S. 43 f.) steht das Pronomen **vor dem Hilfsverb** *être* oder *avoir.*

J'ai vu **ce film.** – Je **l'**ai vu.

Indirekte Objektpronomen
(les pronoms compléments d'objet indirect)

Singular	Plural
me/m'	**nous**
te/t'	**vous**
se/s'	**se/s'**
lui	**leur**

Indirekte Objektpronomen **ersetzen das indirekte Objekt** (↑ S. 66) im Satz. Sie ersetzen nur Personen. Eine Person wird durch *lui* ersetzt, mehrere durch *leur*. Beide Pronomen sind unveränderlich.

Il dit des bêtises **à sa petite amie.** – Il **lui** dit des bêtises.

Il donne la clé **aux enfants.** – Il **leur** donne la clé.

Aufgepasst:

- *me, te* und *se* werden vor Vokal und stummem *h* apostrophiert.

  Tu **m'**écris?

- *leur* kann auch Possessivbegleiter sein (↑ S. 7).

  Je **leur** demande. *aber:* C'est **leur** maison. *(Possessivbegleiter)*

- *me, te, se, nous* und *vous* können auch direkte Objekt- oder Reflexivpronomen sein (↑ S. 28, 39).

Stellung

- Das indirekte Objekt steht nach dem Verb, das indirekte Objektpronomen **vor dem Verb.** Dies gilt auch bei der Verneinung (↑ S. 70 f.).

  Elle demande **à sa mère.** – Elle **lui** demande. · Elle ne **lui** demande pas.

- Folgt auf das konjugierte Verb ein Infinitiv, steht es **vor dem Infinitiv.**

  Je vais **lui** dire la vérité.

- Beim Passé composé (↑ S. 43 f.) steht es **vor dem Hilfsverb.**

  Tu **lui** as écrit? · Je **me** suis lavé les mains.

Die Pronomen en und y richtig angewendet

en

en kann für verschiedene Satzergänzungen mit *de* stehen und wird mit *davon* oder *von dort* übersetzt.

de + Sache →	*en*
Vous prenez **de la limonade?**	Oui, nous **en** prenons.
Tu prends **du thé?**	Oui, j'**en** prends.
Vous avez **de l'eau minérale?**	Oui, bien sûr, j'**en** ai.
Tu manges **des céréales?**	Oui, j'**en** mange (un peu).
de + Ortsangabe →	*en*
Tu reviens **de l'école?**	Oui, j'**en** reviens.
Tu rentres **de la boum** à dix heures.	Non, j'**en** rentre à minuit!
Tu rapportes des fleurs **du marché?**	J'**en** rapporte des fleurs.
Elle vient **des Pays-Bas?**	Oui, elle **en** vient.
bei Mengenangaben: *de* + Sache →	*en* + Verb + Mengenangabe
Il y a **assez de pain?**	Oui, il y **en** a assez.
Vous avez **beaucoup de miel?**	Oui, j'**en** ai **beaucoup.**
Tu rapportes **un litre de lait?**	Oui, j'**en** rapporte **un.**
Tu prends **une tasse de chocolat?**	Oui, j'**en** prends **une.**

Bei Ergänzungen aus Zahlwort + Nomen, ersetzt *en* das Nomen.

Zahl + Sache (ohne *de)* →	*en* + Verb + Zahl
Nous avons **cinq tickets de métro?**	Oui, nous **en** avons **cinq.**
Sur le tapis, il y a **mille fleurs!**	Il y **en** a vraiment **mille?**
Vous prenez **un fruit?**	Oui, nous **en** prenons **un.**
Tu prends **une pomme?**	Oui, j'**en** prends **une.**

Aufgepasst: *en* ersetzt keine Personen. Für sie verwendet man *de* + unverbundenes Personalpronomen (↑ S. 27).

J'ai besoin **de Luc.**	J'ai besoin **de lui.**

Feste Wendungen mit *en* und ihre Übersetzung:

Je m'**en** vais.	Ich gehe.
J'**en** ai marre!	Mir reicht's!
Je leur **en** veux.	Ich bin ihnen böse.
Je n'**en** peux plus.	Ich kann nicht mehr.

y

y kann für verschiedene Satzergänzungen mit *à* stehen und wird mit *dort, dorthin* und *daran* übersetzt.

à + Sache →	*y*
Tu penses **à la clé?**	Oui, j'**y** pense.
Tu participes **au cours?**	Non, je n'**y** participe pas.
Tu penses souvent **à l'examen?**	Oui, j'**y** pense souvent.
Vous jouez **aux cartes?**	Nous **y** jouons à la récré.
à + Ortsangabe →	*y*
Vous n'allez pas **à l'école?**	Mais si, nous **y** allons.
Tu vas **à la piscine?**	Oui, j'**y** vais. Toi aussi?
Vous allez **au foot?**	Non, nous n'**y** allons pas.
Elle habite **aux Etats-Unis?**	Oui, elle **y** habite.

y vertritt Ortsangaben, die durch Präpositionen wie *sur, sous, dans, en, chez* eingeleitet werden.

Präposition + Ortsangabe (ohne *à*) →	*y*
Le chat est **sur le banc?**	Oui, il **y** est.
La souris se cache **sous l'armoire?**	Oui, elle s'**y** cache.
Vous habitez **dans la maison bleue?**	Oui, nous **y** habitons.

Aufgepasst: *y* ersetzt keine Personen. Für sie verwendet man *à* + unverbundenes Personalpronomen (↑ S. 27).

Luc s'adresse **à Marine.**	Il s'adresse **à elle.**

Feste Wendungen mit *y* und ihre Übersetzung:

il **y** a	es gibt (dort)
On **y** va?	Gehen wir (dorthin)?
Penses-**y.**	Denk dran!
Ça **y** est, je suis en vacances!	Endlich bin ich in Ferien!
Allons-**y!**	Los! Auf geht's!
Tu **y** es?	Bist du soweit?
Je n'**y** arrive pas.	Ich schaffe das nicht.

Die Stellung mehrerer Objektpronomen im Satz

Werden mehrere Satzteile durch Pronomen ersetzt, gilt eine **festgelegte Reihenfolge.**

Je ne **les y** vois pas. · Tu **le leur** dis demain.

me te nous vous se	+	le la les	+	lui leur	+	y	+	en

Bejahter Imperativ

- Im Imperativ stehen die Objektpronomen **nach dem Verb.** Sie werden mit Bindestrich an dieses Verb angeschlossen.

  Donne-**moi** les clés. · Allons-**y.**

- Beim bejahten Imperativ mit mehreren Pronomen gilt: Das direkte steht vor dem indirekten Objektpronomen.

  Donne-**les-moi.** · Dis-**le-lui.**

- Die Objektpronomen *me* und *te* werden zu *moi* und *toi.*

  Aide-**moi.** · Lève-**toi** tout de suite.

- Folgt *en* auf *moi* oder *toi,* wird apostrophiert:
  moi + *en* wird zu *m'en,*
  toi + *en* wird zu *t'en.*

  Parle-**m'en.**
  Prends-**t'en.**

Aufgepasst: Diese Regeln gelten nicht für den verneinten Imperativ.

N'**y** pense pas. · Ne **me les** donne pas.

Demonstrativpronomen
(les pronoms démonstratifs)

Einfache Formen

	Singular	Plural
Maskulinum	**celui**	**ceux**
Femininum	**celle**	**celles**
Neutrum	**ce**	–

Sie können nicht allein stehen. Sie werden begleitet von
- *de* + Substantiv (1) (↑ S. 5, 8) oder
- einem Relativsatz (2) (↑ S. 74).

(1) C'est ta bicyclette? – Non, c'est **celle de ma sœur.**
(2) Ce melon n'est pas bon. **Celui que j'ai acheté au marché hier** était meilleur.

Zusammengesetzte Formen

	Singular	Plural
Maskulinum	**celui-ci/-là**	**ceux-ci/-là**
Femininum	**celle-ci/-là**	**celles-ci/-là**
Neutrum	**ceci, cela, ça**	–

Sie können allein gebraucht werden.

Quel pantalon est-ce que tu préfères? **Celui-ci** ou **celui-là?**

Aufgepasst: *Ça* gehört der gesprochenen Sprache an und sollte beim Schreiben nicht verwendet werden.

Ça (cela) dépend. · Je n'aime pas **ça** (cela). · Cela **(ça)** m'est égal.

Possessivpronomen *(les pronoms possessifs)*

Singular	**Plural**
le mien/la mienne	les miens/les miennes
le tien/la tienne	les tiens/les tiennes
le sien/la sienne	les siens/les siennes
le/la nôtre	les nôtres
le/la vôtre	les vôtres
le/la leur	les leurs

Sie ersetzen Possessivbegleiter (↑ S. 7) + Substantiv und werden gebildet aus **bestimmtem Artikel + Pronomen.** Sie richten sich in Geschlecht und Zahl nach dem Substantiv, das ersetzt wird.

On prend **ma voiture?** – Non, on prend **la mienne.**

Indefinitpronomen *(les pronoms indéfinis)*

Sie stehen für **nicht näher bestimmte Personen oder Sachen.**
Aufgepasst: tous wird [tus] ausgesprochen, wenn es allein steht.

chacun/e	Nous avons donné ce texte à chacun. (jedem)
aucun/e	Aucun/e de nous **n'**y est allé/e. (niemand, keiner/keine)
quelques-uns/unes	Est-ce que tu as vu des baleines (Wale)? – Oui, j'en ai vu quelques-unes. (einige)
certain/e/s	Certains/Certaines ne voulaient pas jouer. (gewisse/einige)
tout/toute tous/toutes	Nous avons vu tout. (alles) · Je les ai invités tous. (alle)

Relativpronomen *(les pronoms relatifs)*

qui	**ersetzt**	■ Personen und Sachen *(wer? was?)* C'est la femme **qui** était à la fête.
que		■ Personen und Sachen *(wen? was?)* C'est la voiture **que** ma mère veut vendre demain.
où		■ Ortsangaben *(wo?)* La ville **où** je suis née est située au bord de la mer.
dont		■ *de* + Substantiv *(wovon? wessen?)* C'est le même sujet **dont** je t'ai parlé hier!

Relativpronomen bilden das Bindeglied zwischen Hauptsatz (↑ S. 72 f.) und Relativsatz (↑ S. 74 f.). Ihnen geht immer ein **Bezugswort** voraus.

C'est la femme **qui** était à la fête.

Aufgepasst: Werden Sachen ersetzt, die mit einer Präposition stehen, benutzt man *lequel:*

Près de la maison est un lac. · Elle habite une maison **près de laquelle** est un lac.

	Sg. mask.	**Pl. mask.**	**Sg. fem.**	**Pl. fem.**
	lequel	lesquels	laquelle	lesquelles
mit **à**	**auquel**	**auxquels**	à laquelle	**auxquelles**
mit **de**	**duquel**	**desquels**	de laquelle	**desquelles**

Die Relativpronomen *ce qui* und *ce que* werden verwendet, wenn **kein Bezugswort** vorhanden ist.

■ *ce qui* (*was?*) bei Sachen (= Subjekt) (1),

■ *ce que* (*was?*) bei Sachen (= Objekt) (2).

(1) Tu sais **ce qui** m'est arrivé hier? (Weißt du, was …)

(2) C'est tout **ce que** j'avais à dire. (Das ist alles, was …)

7 Verben
Les verbes

Alle Verben setzen sich im Französischen aus **Stamm + Endung** zusammen.

parl + er
(nous) pren + ons
(il) fin + it

Man unterscheidet **vier Gruppen von Verben:**

- Verben, die auf ***-er*** enden, — parl**er** · aim**er**
- Verben, die auf ***-dre*** enden, — pren**dre** · ven**dre**
- Verben, die auf ***-ir*** enden, — fin**ir** · chois**ir**
- **unregelmäßige** Verben. — être · faire · vouloir

Präsens *(le présent)*

Verben auf -er

Die meisten französischen Verben (ca. 90 Prozent) gehören der 1. Gruppe an. Sie enden auf *-er* und werden im Präsens wie *parler* (s. u.) konjugiert.
Aufgepasst: Das Verb *aller* (↑ S. 40, 82) ist unregelmäßig.

Infinitiv: **parler**

	Singular		Plural
je	parl **e**	nous	parl **ons**
tu	parl **es**	vous	parl **ez**
il/elle/on	parl **e**	ils/elles	parl **ent**

Bei einigen Verben

- **verändern sich** im Stamm die **Akzente,**
- **verdoppeln sich Konsonanten** oder
- ***y*** wird zu ***i.***

Dies betrifft im Präsens alle konjugierten Formen, außer die 1. und 2. Person Plural *(nous, vous)*. Hier bleibt der Stamm erhalten.

	e → è	é → è	l → ll	t → tt	y → i
Infinitiv:	**acheter**	**espérer**	**appeler**	**jeter**	**envoyer**
je/j'	ach**è**te	esp**è**re	appe**ll**e	je**tt**e	envo**i**e
tu	ach**è**tes	esp**è**res	appe**ll**es	je**tt**es	envo**i**es
il/elle/on	ach**è**te	esp**è**re	appe**ll**e	je**tt**e	envo**i**e
nous	achetons	espérons	appelons	jetons	envoyons
vous	achetez	espérez	appelez	jetez	envoyez
ils/elles	ach**è**tent	esp**è**rent	appe**ll**ent	je**tt**ent	envo**i**ent
ebenso:	mener	préférer	épeler	projeter	payer, essayer

ouvrir, offrir und ***accueillir*** sind unregelmäßige Verben. Sie werden aber im Präsens wie die regelmäßigen Verben auf *-er* konjugiert.

Infinitiv:	**ouvrir**	**offrir**	**accueillir**
j'	ouvr **e**	offr **e**	accueill **e**
tu	ouvr **es**	offr **es**	accueill **es**
il/elle/on	ouvr **e**	offr **e**	accueill **e**
nous	ouvr **ons**	offr **ons**	accueill **ons**
vous	ouvr **ez**	offr **ez**	accueill **ez**
ils/elles	ouvr **ent**	offr **ent**	accueill **ent**
ebenso:	découvrir	souffrir	cueillir

Verben auf -er

Die Verben ***commencer*** und ***manger*** weisen in der 1. Person Plural *(nous)* eine Besonderheit auf, um die Aussprache [s] von *c* und [ʒ] von *g* zu erhalten:

- *commencer: c* wird zu *ç*, — nous commen**ç**ons [s]
- *manger: g* wird zu *ge*. — nous man**ge**ons [ʒ]

Verben auf -dre

Sie gehören der 2. Gruppe der regelmäßigen Verben an. — ven**dre** · atten**dre** · répon**dre**

Infinitiv: **vendre**

	Singular		**Plural**
je	vend **s**	nous	vend **ons**
tu	vend **s**	vous	vend **ez**
il/elle/on	vend	ils/elles	vend **ent**

ebenso: rendre, perdre, descendre, entendre

Aufgepasst: prendre (↑ S. 88) ist im Plural unregelmäßig. — nous pre**n**ons · vous pre**n**ez · ils pre**nn**ent

Verben auf -ir

Sie gehören der 3. Gruppe der regelmäßigen Verben an. Diese unterteilt sich wiederum in die Gruppen

- *partir/dormir* und — sortir · sentir
- *finir/choisir.* — réagir · réfléchir

Aufgepasst: In der Gruppe *finir/choisir* wird der Stamm im Plural durch *-ss-* erweitert.

Infinitiv:	**partir**	**dormir**	**finir**	**choisir**
je	par**s**	dor**s**	fini**s**	choisi**s**
tu	par**s**	dor**s**	fini**s**	choisi**s**
il/elle/on	par**t**	dor**t**	fini**t**	choisi**t**
nous	par**t**ons	dor**m**ons	fini**ss**ons	choisi**ss**ons
vous	par**t**ez	dor**m**ez	fini**ss**ez	choisi**ss**ez
ils/elles	par**t**ent	dor**m**ent	fini**ss**ent	choisi**ss**ent
ebenso:	mentir, servir		réussir	

Reflexive Verben

Sie bestehen aus dem **Reflexivpronomen** und dem **Verb.** Sie werden gebraucht,

se laver · se lever · s'habiller

- wenn dieselbe Person (für) sich selbst etwas tut,

Elle **se prépare** un petit déjeuner.

- wenn zwei verschiedene Personen (für) sich gegenseitig etwas tun,

Ils **se font** la bise.

- in feststehenden Wendungen.

Joëlle **s'en va.** (Joëlle geht.)

Aufgepasst: me, te, se werden vor Vokal und stummem *h* apostrophiert.

je **m'**/il **s'**appelle · tu **t'**appelles

Zur Stellung der Reflexivpronomen ↑ S. 28 f.

Infinitiv:	**se laver**		**Plural**
	Singular		
je	me lave	nous	nous lavons
tu	te laves	vous	vous lavez
il/elle/on	se lave	ils/elles	se lavent

Konjugation der häufigsten unregelmäßigen Verben im Präsens:

	aller	**avoir**	**battre**	**boire**
je/j’	vais	ai	bats	bois
tu	vas	as	bats	bois
il/elle/on	va	a	bat	boit
nous	allons	avons	battons	buvons
vous	allez	avez	battez	buvez
ils/elles	vont	ont	battent	boivent
	conduire	**connaître**	**construire**	**courir**
je	conduis	connais	construis	cours
tu	conduis	connais	construis	cours
il/elle/on	conduit	connaît	construit	court
nous	conduisons	connaissons	construisons	courons
vous	conduisez	connaissez	construisez	courez
ils/elles	conduisent	connaissent	construisent	courent
	croire	**devoir**	**dire**	**écrire**
je/j’	crois	dois	dis	écris
tu	crois	dois	dis	écris
il/elle/on	croit	doit	dit	écrit
nous	croyons	devons	disons	écrivons
vous	croyez	devez	dites	écrivez
ils/elles	croient	doivent	disent	écrivent
	être	**faire**	**fuir**	**lire**
je	suis	fais	fuis	lis
tu	es	fais	fuis	lis
il/elle/on	est	fait	fuit	lit
nous	sommes	faisons	fuyons	lisons
vous	êtes	faites	fuyez	lisez
ils/elles	sont	font	fuient	lisent

	mettre	**mourir**	**plaire**	**pouvoir**
je	mets	meurs	plais	peux
tu	mets	meurs	plais	peux
il/elle/on	met	meurt	plaît	peut
nous	mettons	mourons	plaisons	pouvons
vous	mettez	mourez	plaisez	pouvez
ils/elles	mettent	meurent	plaisent	peuvent

	recevoir	**rire**	**savoir**	**sourire**
je	reçois	ris	sais	souris
tu	reçois	ris	sais	souris
il/elle/on	reçoit	rit	sait	sourit
nous	recevons	rions	savons	sourions
vous	recevez	riez	savez	souriez
ils/elles	reçoivent	rient	savent	sourient

	suivre	**suffire**	**se taire**	**tenir**
je	suis	suffis	me tais	tiens
tu	suis	suffis	te tais	tiens
il/elle/on	suit	suffit	se tait	tient
nous	suivons	suffisons	nous taisons	tenons
vous	suivez	suffisez	vous taisez	tenez
ils/elles	suivent	suffisent	se taisent	tiennent

	venir	**vivre**	**voir**	**vouloir**
je	viens	vis	vois	veux
tu	viens	vis	vois	veux
il/elle/on	vient	vit	voit	veut
nous	venons	vivons	voyons	voulons
vous	venez	vivez	voyez	voulez
ils/elles	viennent	vivent	voient	veulent

Weitere Verben und andere Zeiten ↑ S. 82 ff.

Imperativ *(l'impératif)*

Im Imperativ wird nur die Verbform ohne Subjektpronomen (↑ S. 26) gebraucht.

Achète trois tickets. · **Prends** deux litres.

Regelmäßige Imperative

Die Imperativ-Formen der **regelmäßigen Verben** werden vom Präsens der 1. Person Singular *(je)*, der 1. und der 2. Person Plural *(nous, vous)* abgeleitet.

Infinitiv:	**manger**	**faire**
Imperativ:	Mange. (je mange)	Fais. (je fais)
	Mangeons. (nous mangeons)	Faisons. (nous faisons)
	Mangez. (vous mangez)	Faites. (vous faites)

Aufgepasst: Das Verb ***aller*** bildet den Imperativ im Singular aus der 3. Person Singular.
Zur Stellung der Pronomen ↑ S. 32.

Va. · Allons. · Allez.
aber: Va**s**-y.

Unregelmäßige Imperative

avoir, être, savoir und ***vouloir*** sind die wichtigsten unregelmäßigen Verben mit unregelmäßigen Imperativen.

N'**aie** pas peur. · Ne **sois** pas triste.

avoir	**être**	**savoir**	**vouloir**
aie	sois	sache	veuille
ayons	soyons	sachons	veuillons
ayez	soyez	sachez	veuillez

Passé composé

Mit der zusammengesetzten Vergangenheit werden **Handlungen in der Vergangenheit** ausgedrückt.

Hier, nous **avons acheté** une radio. (haben … gekauft)

Bildung

Form von avoir/être + **Participe passé**

- Verben auf *-er:* Stamm + *-é*
- Verben auf *-dre:* Stamm + *-u*
- Verben auf *-ir:* Stamm + *-i*

Das Passé composé wird gebildet mit dem Hilfsverb *avoir* oder *être* (↑ S. 82, 86) + Participe passé des Verbs.

J'**ai préparé** un gâteau. · Il l'**a vendu.** · J'**ai fini** de protester.

Aufgepasst: Einige unregelmäßige Verben haben auch **unregelmäßige Partizipien.** Siehe auch ↑ S. 82 ff.

avoir: j'ai **eu**
être: j'ai **été**
faire: j'ai **fait**

avoir oder être?

- Alle **Verben der Bewegungsrichtung** und
- alle **reflexiven Verben** (↑ S. 39)

bilden das Passé composé mit ***être.***

Il **est allé** au concert.

Ils **se sont fait** la bise.

Weitere Verben mit *être:*

aller · arriver · descendre · entrer · monter · partir · passer · rester · retourner · sortir · tomber · venir

- Alle anderen Verben bilden das Passé composé mit ***avoir.***

Elle **a composé** un bon repas.

Veränderlichkeit des Participe passé mit être

Das Participe passé mit *être* gleicht sich in **Geschlecht und Zahl** dem Subjekt an.
Es verhält sich bei der Angleichung wie das Adjektiv (↑ S. 14).

Il est allé au ciné-ma. · **Elle** est allé**e** à la boum. · **Elles** sont venu**es.** · **Ils** sont tous sorti**s.**

Veränderlichkeit des Participe passé mit avoir

Das Participe passé mit *avoir* ist fast immer unveränderlich.

Elle a **mis** un bon CD. · **Il** a **dessiné** une maison.

Es verändert sich aber,

- wenn ein direktes Objektpronomen vor *avoir* steht. Das Participe passé gleicht sich in Geschlecht und Zahl dem Pronomen an.

  La presse, tu **l'**a lu**e?** · **Les revues,** je **les** ai lu**es.** Mais **les journaux,** je ne **les** ai pas lu**s.**

- wenn das Passé composé in einem Relativsatz mit *que* steht. Das Participe passé gleicht sich in Geschlecht und Zahl dem Substantiv an, auf das sich der Relativsatz bezieht.

  La maison que tu as acht**ée** me plaît beaucoup. · **Les châteaux que** j'ai visit**és** sont très vieux.

- wenn bei reflexiven Verben das Reflexivpronomen direktes Objektpronomen ist (*wen?* oder *was?*).

  Elle s'est lev**ée.** · **Elles** se sont lav**ées.**

Aufgepasst: Hat das reflexive Verb ein direktes Objekt, bleibt das Participe passé unveränderlich.

Elles se sont **lavé les mains.**

Imparfait

Das Imparfait ist eine **weitere Zeitform der Vergangenheit.**

Autrefois, la vie **était** plus belle.

Bildung

je			dans	**ais**
tu			dans	**ais**
il/elle/on	**Stamm der 1. Person, Plural im Präsens** (dans-)	+	dans	**ait**
nous			dans	**ions**
vous			dans	**iez**
ils/elles			dans	**aient**

Das Imparfait wird bei allen Verben aus dem Stamm der *nous*-Form des Verbs im **Präsens** abgeleitet. An diesen Stamm werden die Imparfait-Endungen angehängt.

Aufgepasst:

- Die *nous*- und *vous*-Formen im Imparfait unterscheiden sich vom Präsens nur durch ein *i.*
- *être* (↑ S. 86) und *falloir* (↑ S. 86) sind die einzigen Ausnahmen.

nous chantons – nous chant**i**ons · vous écrivez – vous écriv**i**ez

être: j'étais
falloir: il fallait

Wie im Präsens (↑ S. 38) weisen einige Verben in der 1. Person Plural im Imparfait eine Besonderheit auf. Um die Aussprache [s] von *c* und [ʒ] von *g* zu erhalten, wird

- bei den Verben auf ***-ger*** vor *a* und *o* ein *e* eingefügt (1),
- bei den Verben auf ***-cer*** *c* zu *ç* (2).

(1) je mang**e**ais · tu mang**e**ais · il mang**e**ait
(2) je commen**ç**ais · tu commen**ç**ais
ebenso: voyager · nager · annoncer · placer

Passé composé und Imparfait richtig angewendet

Will man von Vergangenem berichten, braucht man im Französischen beide Zeiten. Deren Gebrauch folgt bestimmten Regeln.

Gebrauch des Imparfait

Das Imparfait grenzt das Geschehen zeitlich nicht ab und wird verwendet für:

- Beschreibungen von Zuständen, Situationen, Landschaften, Personen, Gefühlen,
- Vorgänge, die wiederholt oder regelmäßig auftreten,
- gleichzeitig ablaufende Handlungen,
- Handlungen, die beim Einsetzen einer neuen Handlung noch andauern.

Gebrauch des Passé composé

Das Passé composé grenzt das Geschehen zeitlich ab und wird verwendet für:

- eine Handlung, die sich nur einmal zu einem bestimmten Zeitpunkt ereignet,
- eine Kette von Handlungen,
- eine neu eintretende Handlung.

Zeitangaben als Signal für

Imparfait	Passé composé
tous les soirs	un soir, le soir, le lendemain, le lundi 26 mai
chaque année	cette année
souvent	une fois
quelquefois	tout à coup
toujours	un (beau) jour
de temps en temps, d'habitude	à ce moment-là, aussitôt

Geschichten, Mitteilungen oder andere Texte in der Vergangenheit benützen das Passé composé und das Imparfait, um ihren Inhalt zeitlich zu strukturieren. Das Imparfait gibt alle Informationen zum Hintergrund des Geschehens, während das Passé composé die vordergründigen Handlungen beschreibt – wie auf einer Theaterbühne mit Hintergrundbild und Handlung im Vordergrund.

Une histoire vraie

Tous les matins, Monsieur D., architecte à Paris, allait à son bureau en voiture. Monsieur D. avait beaucoup d'argent, une grande maison et bien sûr une voiture très chic.
Mais le lundi 26 mai au matin, la voiture de M. D. a disparu. Celui-ci a aussitôt téléphoné à la police pour signaler le vol, puis appelé un taxi pour se rendre à son travail.
Le soir-même, la voiture de M. D. se trouvait au même endroit que la veille. Coincé sous l'essuie-glace*, il y avait un mot: «Monsieur, j'avais absolument besoin d'une voiture hier et j'ai emprunté la vôtre. Merci beaucoup. Voici deux billets pour l'opéra demain soir … avec toutes mes excuses!»
M. D. était bien sûr très content. Le lendemain, il est allé avec sa femme à l'opéra. Mme D. était ravie parce qu'elle adorait l'opéra et qu'elle n'avait pas souvent l'occasion d'y aller.
Mais une surprise attendait les D. à leur retour: en effet, quand ils sont arrivés chez eux, vers minuit, la porte de la maison était ouverte et il y avait de la lumière dans le salon. Ils sont entrés, très inquiets, et c'est alors qu'ils ont découvert le désastre: pendant qu'ils étaient à l'opéra, des cambrioleurs** avaient tout emporté …

* Scheibenwischer; ** Einbrecher

7

Plus-que-parfait

Bildung

Imparfait von *avoir/être* + **Participe passé**

Das Plus-que-parfait wird gebildet aus dem **Imparfait von *être* oder *avoir*** (↑ S. 45) und dem **Participe passé** (↑ S. 43).
Die Verneinung und die Angleichung des Partizips erfolgen wie im Passé composé (↑ S. 43 f.).

J'**avais pris** un coca avant le film. (hatte … getrunken)

Je **n'**avais **pas** pris le train · Elle **était passée** à la librairie avant de rentrer à la maison.

Gebrauch

Das Plus-que-parfait beschreibt ein Geschehen in der Vergangenheit, das **zeitlich noch weiter zurückliegt** als ein anderes Geschehen in der Vergangenheit (Imparfait oder Passé composé).
Es heißt deshalb **Vorvergangenheit.**

Hier, je suis allé(e) à l'école, mais avant **j'étais passé(e)** au cinéma pour voir le programme.

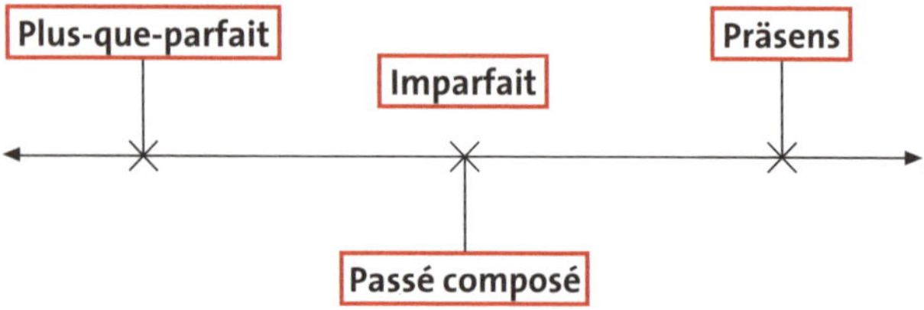

Nahe Zukunft und unmittelbare Vergangenheit

Nahe Zukunft

je	vais	+ **Infinitiv**
tu	vas	
il/elle/on	va	
nous	allons	
vous	allez	
ils/elles	vont	

Das Futur composé setzt sich aus ***aller*** **+ Infinitiv** des Verbs zusammen. Es wird im Deutschen mit dem Präsens wiedergegeben.
Bei der Verneinung umschließen *ne … pas* das Verb *aller*.

Je **vais faire** les courses. (Ich kaufe [gleich] ein.)

Elle **ne** va **pas** venir.

Unmittelbare Vergangenheit

je	viens	+ de + faire qc
tu	viens	
il/elle/on	vient	
nous	venons	
vous	venez	
ils/elles	viennent	

Sie wird mit der Wendung ***venir de faire qc*** gebildet (deutsch: gerade oder soeben etwas getan haben).
Aufgepasst: Es wird immer nur *venir* konjugiert.

Elle **vient de passer** chez nous. (Sie ist gerade bei uns vorbeigekommen.)

Futur I *(le futur simple)*

Verben auf -er

je	**Form der 1. Person Singular im Präsens** (chante)	+	chante	**rai**
tu			chante	**ras**
il/elle/on			chante	**ra**
nous			chante	**rons**
vous			chante	**rez**
ils/elles			chante	**ront**

Das Futur I wird bei allen Verben auf *-er* aus der ***je***-Form des Verbs im **Präsens** abgeleitet. An diese Form werden die Futur-Endungen angehängt.

Je regarde la télé. Je regarde**rai** la télé. · Nous regarde**rons** tous.

Andere Verben

prendre: je prend**rai**, nous prend**rons**
dire: tu di**ras**, vous di**rez**
finir: elle fini**ra**, ils fini**ront**

Alle anderen Verben bilden das Futur I aus dem Infinitiv bis zum *-r* der Endung. An diese Form werden die Futur-I-Endungen angehängt.

Unregelmäßige Futurbildung:

aller	j'**irai**	**pouvoir**	je **pourrai**
avoir	j'**aurai**	**recevoir**	je rece**vrai**
courir	je cou**rrai**	**tenir**	je tien**drai**
être	je **serai**	**venir**	je vien**drai**
faire	je **ferai**	**voir**	je ve**rrai**
il faut (falloir)	il fau**dra**	**vouloir**	je vou**drai**

Siehe auch S. 82 ff.

Gebrauch

Im Französischen verwendet man die Zukunftsform häufiger als im Deutschen. Im Deutschen wird dazu meist das Präsens verwendet.

J'**irai** en Corse. Je m'y **reposerai.** (Ich **fahre** nach Korsika. Ich **erhole** mich dort.)

In der gesprochenen Sprache wird im Französischen jedoch oft das Futur composé vorgezogen.

Je **vais aller** en Corse. · Je **vais** m'y **reposer.**

Konditional I *(le conditionnel présent)*

Bildung

j'	**Form der 1. Person Singular im Präsens** (aime)	+	aime	**rais**
tu			aime	**rais**
il/elle/on			aime	**rait**
nous			aime	**rions**
vous			aime	**riez**
ils/elles			aime	**raient**

Der Konditional I wird aus den gleichen Verbstämmen gebildet wie das Futur I (↑ S. 50).
Du kannst es dir auch so merken: Der Konditional I wird gebildet aus der jeweiligen Ausgangsform + *r-* + Endungen des Imparfait (↑ S. 45).

J'aime**rais** une glace. (hätte gerne) · Moi, à ta place, je prend**rais** deux boules. (würde … nehmen)

Aufgepasst: Verwechsle nicht Konditional I und Futur I. Nur der Verbstamm ist in beiden Zeiten gleich, die Endungen sind verschieden.

je manger**ai** [e]
je manger**ais** [ɛ]

Gebrauch

Der Konditional drückt die Einstellung des Sprechers zum Gesagten aus. In der Grammatik spricht man von einem **Modus.**	
Der Konditional I kann	
■ eine Annahme,	A Paris la vie **serait** très chère.
■ eine höfliche Bitte,	**Pourrais-tu** m'aider?
■ einen Rat oder Vorschlag,	**Tu devrais** boire plus.
■ eine noch nicht realisierte Möglichkeit oder	**On pourrait** partir en Bretagne.
■ einen Wunsch ausdrücken.	**J'aimerais** visiter Carnac.
Aufgepasst: Im Unterschied zum Deutschen steht in einem Nebensatz mit *si* (Bedingungssätze ↑ S. 76) nie der Konditional, sondern ausschließlich im Hauptsatz.	Si tu **avais** de l'argent, tu **pourrais** t'acheter un ordinateur. (Wenn du Geld **hättest, könntest** du dir einen Computer kaufen.)

Nützliche Wendungen mit dem Konditional I:

Pourriez-vous …	Könnten Sie bitte …
Je voudrais …	Ich hätte gerne …
J'aimerais …	Ich würde gerne …
Il vaudrait mieux …	Es wäre besser …

Futur II *(le futur antérieur)*

Bildung

je/j’	aurai/serai	+ **Participe passé**
tu	auras/seras	
il/elle/on	aura/sera	
nous	aurons/serons	
vous	aurez/serez	
ils/elles	auron/seront	

Das Futur II setzt sich zusammen aus dem Hilfsverb ***être* oder *avoir* im Futur I** und dem **Participe passé** (↑ S. 43). Die Veränderung des Partizips erfolgt nach den gleichen Regeln wie beim Passé composé (↑ S. 43 f.).
Die Bildung des Futur II im Französischen entspricht genau seiner Bildung im Deutschen.

J’**aurai parlé** au prof. (Ich **werde** mit der Lehrerin **gesprochen haben.**) · Elle **sera venue** à l’heure. (Sie **wird** pünktlich **gekommen sein.**)

Gebrauch

Das Futur II wird verwendet, wenn eine **Handlung** in der Zukunft **zu einem bestimmten Zeitpunkt in der Zukunft** oder vor einem anderen Geschehen in der Zukunft bereits **abgeschlossen** ist.
In der deutschen Übersetzung verwendet man dafür normalerweise das Perfekt.

Tu pourras aller à la piscine quand tu **auras déjeuné.** (Du kannst schwimmen gehen, wenn du zu Mittag **gegessen hast.**)

Konditional II *(le conditionnel passé)*

Bildung

je/j'	aurais/serais	+ **Participe passé**
tu	aurais/serais	
il/elle/on	aurait/serait	
nous	aurions/serions	
vous	auriez/seriez	
ils/elles	auraient/seraient	

Der Konditional II ist wie das Futur II eine zusammengesetzte Zeit. Er wird gebildet aus dem Hilfsverb ***être* oder *avoir* im Konditional I** und dem **Participe passé** (↑ S. 43).
Das Partizip wird wie beim Passé composé angeglichen.

Je **serais venu(e).** (Ich wäre gekommen.) · J'**aurais pu** venir. (Ich hätte kommen können.)

Gebrauch

Der Konditional II bezeichnet eine **Möglichkeit,** deren **Realisierung** aber **ausgeschlossen** ist, da die dafür notwendigen Bedingungen schon in der Vergangenheit hätten erfüllt sein müssen.

En cas d'urgence je **serais venu(e).** (Im Notfall wäre ich gekommen.) · Lundi j'**aurais pu** venir. (Am Montag hätte ich kommen können.)

Der Konditional II steht in Bedingungssätzen (↑ S. 76) immer im Hauptsatz, nie im Nebensatz mit *si.*

Si tu **étais** venu(e), tu **aurais pu** goûter ma tarte aux pommes.

Subjonctif présent

Mit dem Subjonctif kann eine bestimmte Sprechhaltung (= Modus) ausgedrückt werden. Für viele Fälle hilft als Grundgedanke folgende Faustregel: „Wenn das Herz spricht, steht Subjonctif.“

Je suis désolé(e) **que** tu ne **sois** pas là. · J'aime **que** tu m'**écrives.** · Je souhaite **que** tu **ailles** chez lui. · Je regrette **que** je **parte** demain.

Bildung

je	**Stamm der 3. Person, Plural im Präsens** (port-)	+	port	**e**
tu			port	**es**
il/elle/on			port	**e**
nous			port	**ions**
vous			port	**iez**
ils/elles			port	**ent**

Präsens-Endungen (je, tu, il/elle/on, ils/elles)

Imparfait-Endungen (nous, vous)

Der Subjonctif wird gebildet aus dem Stamm der *ils/elles*-Form im **Präsens.** An diesen Stamm werden die Subjonctif-Endungen angehängt.

- In der 1. und 2. Person Plural entsprechen die Endungen denen des Imparfait (↑ S. 45),
- bei allen anderen Personen denen des Präsens der Verben auf *-er* (↑ S. 36).

Regelmäßige Subjonctif-Formen

Infinitiv:		**regarder**	**vendre**	**finir**
3. Person Pl., Präsens:		ils **regard**ent	ils **vend**ent	ils **finiss**ent
Il faut que/qu'				
	je	regard**e**	vend**e**	finiss**e**
	tu	regard**es**	vend**es**	finiss**es**
	il/elle/on	regard**e**	vend**e**	finiss**e**
	nous	regard**ions**	vend**ions**	finiss**ions**
	vous	regard**iez**	vend**iez**	finiss**iez**
	ils/elles	regard**ent**	vend**ent**	finiss**ent**

Unregelmäßige Subjonctif-Formen

Infinitiv:		**avoir**	**être**	**aller**	**faire**
Il faut que/qu'	je/j'	aie	sois	aille	fasse
	tu	aies	sois	ailles	fasses
	il/elle/on	ait	soit	aille	fasse
	nous	ayons	soyons	allions	fassions
	vous	ayez	soyez	alliez	fassiez
	ils/elles	aient	soient	aillent	fassent

Weitere unregelmäßige Formen ↑ S. 82 ff.

Gebrauch

Der Subjonctif steht in den meisten Fällen in **Nebensätzen,** die mit ***que*** eingeleitet werden. Im **Hauptsatz** steht dann ein **Subjonctif-Auslöser.** Auslöser (↑ S. 59) können sein:

- Verben,
- Konjunktionen,
- unpersönliche Ausdrücke und
- Befehle mit *Que* … .

Que personne ne **sorte!**

Nach bestimmten Verben muss im Nebensatz mit *que* der Subjonctif stehen. **Verben,** die den Subjonctif auslösen, sind Verben, die	
■ Gefühle wie Gefallen, Missfallen, Freude, Trauer, Überraschung usw.,	il me plaît que · il n'aime pas que · on est content que · elle est triste que · je suis surpris(e) que
■ eine Willensäußerung,	je veux que · tu demandes que · on propose que
■ ein Verbot,	j'interdis que · je défends que
■ Zweifel oder Angst oder	j'ai peur que · je doute que
■ ein Bedauern ausdrücken.	je regrette que · je suis désolé(e) que
Aufgepasst: Nach *espérer que* steht nie der Subjonctif.	J'espère que tu dis maintenant la verité.
penser que, croire que und ***trouver que*** sind Verben des Denkens und Meinens und ziehen den **Indikativ** nach sich.	Je **pense** qu'elle **est** là. · Je **crois** que tu **as** tort. · Je **trouve** qu'elle **est** jolie.
Werden diese Verben aber **verneint,** folgt ihnen der **Subjonctif.**	Je **ne pense pas** qu'elle **soit** là. · Je **ne crois pas** que tu **aies** tort. · Je **ne trouve pas** que cela **soit** joli.

Gebrauch

Bestimmte **Konjunktionen** lösen den Subjonctif aus:	
■ *bien que* – obwohl (konzessive Bedeutung)	Elle joue au tennis **bien qu'**elle **ait** mal au bras.
■ *pour que* – damit (konsekutive Bedeutung)	Elle va chez le médecin **pour que** la douleur **passe.**
■ *jusqu'à ce que* – bis (temporale Bedeutung)	Le médecin lui fait un plâtre (Gips) **jusqu'à ce que** son bras **soit** guéri.
■ *avant que* – bevor (temporale Bedeutung)	Elle ne peut pas jouer **avant que** son bras **aille** mieux.
■ *sans que* – ohne dass (einschränkende Bedeutung)	Mais elle joue quand même **sans que** sa mère le **sache.**
Aufgepasst: après que (nachdem) steht nie mit Subjonctif.	**Après qu'**ils **ont goûté,** ils **font** leurs devoirs.

Der Subjonctif folgt nach fast allen **unpersönlichen Ausdrücken** mit *il* oder *il est.*	il faut que · il vaut mieux que · il est bon que · il est mauvais que
Aufgepasst: In der gesprochenen Sprache wird oft *c'est* verwendet anstatt *il est.*	**C'est** normal que tu **aies** peur.

Die häufigsten Subjonctif-Auslöser

Ausdruck von Gefühlen

être content(e) que
il … plaît que
adorer que
préférer que
être ravi(e) que
être triste que
aimer que
être surpris(e) que
trouver bizarre que

Ausdruck von Willen, Verbot, Angst, Zweifel, Bedauern

vouloir que
demander que
aimer que
proposer que
interdire que
craindre que
avoir peur que
douter que
regretter que
être désolé que

Verben des Sagens und Denkens

ne pas penser que
ne pas croire que
ne pas trouver que

unpersönliche Ausdrücke

il faut que
il est bon/mauvais que
il vaut mieux que
il est normal que
il est possible/impossible que
il est important que
il est insupportable
il est utile que

Konjunktionen

bien que
pour que
jusqu'à ce que
avant que
sans que

Participe présent

Das Participe présent wird gebildet aus dem **Stamm der *nous*-Form im Präsens + *-ant*.**
Es ist unveränderlich.

nous **jou**ons → jouant · nous **fais**ons → faisant

Aufgepasst: Ausnahmen bilden *avoir, être* und *savoir.*
Zum Gebrauch ↑ S. 81.

avoir → ayant · être → étant · savoir → sachant

Gérondif

Das Gérondif wird gebildet mit	
■ ***en*** **+ Participe présent** oder	**en** jouant
■ ***tout en*** **+ Participe présent.**	**tout en** faisant
Zum Gebrauch ↑ S. 81.	

Verbergänzungen *(les compléments de verbe)*

Jedes konjugierte Verb hat ein Subjekt. Viele Verben können darüber hinaus ergänzt werden mit	Je dors. · Il mange.
■ einem Infinitiv,	Il faut **faire** les courses.
■ einem Substantiv,	Il fait **la fête.**
■ der Präposition *à* + Substantiv oder Verb,	Il téléphone **à sa sœur.**
■ der Präposition *de* + Substantiv oder Verb,	Elle a oublié **de payer.**
■ anderen Präpositionen.	Je **compte sur** toi. · Il a **pris** cette personne **pour** une autre.
Aufgepasst: Einige Verben haben im Französischen eine andere Ergänzung als im Deutschen.	

Französisch		**Deutsch**	
wem?	demander à qn téléphoner à qn parler à qn	**wen?**	jdn. fragen jdn. anrufen jdn. sprechen
wen?	aider qn écouter qn suivre qn remercier qn féliciter qn usw.	**wem?**	jdm. helfen jdm. zuhören jdm. folgen jdm.danken jdm. gratulieren

Verbergänzungen mit und ohne Präposition

ohne Präposition

aider qn

aller chercher qn

attendre qn/qc

avoir faim/soif

avoir lieu

devenir qc

devoir faire qc

écouter qn

faire faire qc (absichtlich: etw. machen lassen)

féliciter qn

gagner qc

il faut faire qc

il vaut mieux faire qc

laisser faire qc (versehentlich: etw. machen lassen)

oser faire qc

passer prendre qn

remercier qn (de qc)

savoir faire qc

suivre qn

venir voir qn

vouloir faire qc

mit der Präposition *à*

apprendre à

arriver à faire qc

demander à qn

devoir qc à qn

s'ennuyer à qc (sich langweilen)

s'intéresser à qc

jouer à qc (sport)

inviter à faire qc

se mettre à faire qc

parler à qn

participer à qc

penser à qn/qc

préférer qc/qn à qc/qn

rendre visite à qn

ressembler à qn

renoncer à qc

réussir à faire qc

servir à (faire) qc

téléphoner à qn

tourner à droite/gauche

mit der Präposition *de*

arrêter de faire qc

avoir le temps de faire qc

avoir besoin de (faire) qc

avoir envie de faire qc

changer de qc

continuer de (oder à)

déborder de

se dépêcher de

dépendre de

s'ennuyer de qc (sich ärgern)

faire du camping

faire du sport

faire la connaissance de qn

jouer de (instrument)

manquer de qc

s'occuper de qc

oublier de faire qc

permettre à qn de faire qc

se plaindre de qc/qn

proposer de faire qc

se protéger de qc

remercier qn de qc

se tromper de qc

8 Präpositionen
Les prépositions

Präpositionen sind **Strukturwörter,** die in ihrer Form unveränderlich sind. Sie **setzen Wörter zueinander in Beziehung** oder präzisieren Beziehungen. Zwei Funktionen sind die **Angabe des Ortes** (1) und **der Zeit** (2).

à · de · avec · pour

Il prend une crêpe **sans** sucre.
(1) Il va **à** la poste,
(2) elle ferme **dans** une demi-heure.

Ortsangaben *(l'endroit)*

	wohin?/wo? – où?		woher? – d'où?
	à la librairie.		**de la** librairie
je vais	**à l'**Hôtel de ville	je viens	**de l'**Hôtel de ville
je suis	**au** marché		**du** marché
	aux toilettes		**des** toilettes

Wie in anderen Fällen (↑ S. 5) verschmelzen Präposition und Artikel.

sur	– auf	Ils dansent **sur** le pont d'Avignon.
sous	– unter	Ils dorment **sous** le pont d'Avignon.
derrière	– hinter	**Derrière** l'horizon, il y a des lumières.
devant	– vor	Ma mère m'attend **devant** l'école.
en face de	– gegenüber	Mon école est **en face de** la gare.
entre	– zwischen	Je suis assise **entre** mes parents.
chez	– bei/zu	Je mange **chez** mes grands-parents.
dans	– in	Il habite **dans** une jolie maison.
à côté de	– neben	**A côté de** ma maison, il y a un pré.
près de	– nah	C'est **tout près** de l'école aussi!

Zeitangaben *(le temps)*

Zeitangaben werden oft durch Präpositionen ausgedrückt. Einige dieser Präpositionen können je nach Kontext auch eine **andere** als die zeitliche **Bedeutung** haben.

à dix heures
aber: demain

partir **en** groupe · aller **jusqu'à** Marseille

pour	– für	Je suis parti **pour** trois jours à Berlin.
en	– innerhalb	Je suis allé d'ici à Berlin **en** dix heures.
pendant	– lang, während	**Pendant** deux heures j'étais bloqué sur l'autoroute.
dans	– in	Je vais repartir **dans** deux jours.
après	– nach	**Après** mon bac, j'irai à l'étranger.
avant	– vor	Mais **avant** mon départ j'apprendrai l'anglais.
depuis	– seit	**Depuis** l'été dernier j'ai un vélo.
dès	– gleich nach	**Dès** son arrivée on a fait un tour.
il y a	– vor, seit	Elle est partie **il y a** un an.
jusqu'à	– bis	Je travaille **jusqu'à** 17 heures.
vers	– gegen	On va dîner **vers** vingt heures.

Eine **Besonderheit** gibt es bei den Präpositionen ***depuis, il y a*** und ***pendant:*** Folgt ihnen ein ganzer Satz, wird dieser mit *que* angeschlossen. Sie sind dann Konjunktionen (↑ S. 73).

depuis	+ Zeitangabe	**Depuis** trois jours j'ai mal à la tête.
depuis	+ que + Satz	**Depuis que** j'ai passé l'examen, je dors.
il y a	+ Zeitangabe	J'ai vendu ma voiture **il y a deux ans.**
il y a	+ Zeitangabe + que + Satz	**Il y a deux ans que** j'habite ici.
pendant	+ Zeitangabe	Je fais mes devoirs **pendant** le dîner.
pendant	+ que + Satz	**Pendant que** je fais mes devoirs j'apprends bien.

Präpositionen bei Ländern und Städten

Où vas-tu?/Où es-tu?

Städte → à

à Paris	**à** New York
à Munich (München)	**à** Vienne (Wien)
à Aix-la-Chapelle (Aachen)	**à** Genève (Genf)

Länder (fem.) → en

la France	**en** France	l'Autriche	**en** Autriche
la Suisse	**en** Suisse	la Belgique	**en** Belgique
l'Allemagne	**en** Allemagne	l'Angleterre	**en** Angleterre

Länder (mask.) → au

le Brésil	**au** Brésil	le Portugal	**au** Portugal
le Mexique	**au** Mexique	le Danemark	**au** Danemark
le Maroc	**au** Maroc	le Luxembourg	**au** Luxembourg

Länder im Plural → aux

les Pays-Bas	**aux** Pays-Bas
les Etats-Unis	**aux** Etats-Unis

Merkhilfe: Alle Länder, die auf *-e* enden, sind weiblich, außer:

le Mexique, le Cambodge, le Mozambique, le Zaïre

Aufgepasst: Bei Städten mit Artikel, wie z. B. *Le Havre, Le Mans, Les Sables d'Olonne* verschmilzt die Präposition *à* bzw. *de* mit dem Artikel (↑ S. 5).

les 24 heures du Mans · le port du Havre · Où vas-tu? – Je vais aux Sables d'Olonne et à La Rochelle.

D'où viens-tu?

Städte → de

de Paris	**de** New York
de Munich	**de** Vienne
d'Aix-la-Chapelle	**de** Genève

Länder (fem.) → de

la France	**de** France	l'Autriche	**d'**Autriche
la Suisse	**de** Suisse	la Belgique	**de** Belgique
l'Allemagne	**d'**Allemagne	l'Angleterre	**d'**Angleterre

Länder (mask.) → du

le Brésil	**du** Brésil	le Portugal	**du** Portugal
le Mexique	**du** Mexique	le Danemark	**du** Danemark
le Maroc	**du** Maroc	le Luxembourg	**du** Luxembourg

Länder im Plural → des

les Pays-Bas	**des** Pays-Bas
les Etats-Unis	**des** Etats-Unis

Merkhilfe: Wenn man auf Reisen geht,

... kann man entweder l**a**ngsam vorankommen	... oder in ein motorisiertes Transportmittel **ein**steigen:
à bicyclette/**à** vélo	**en** voiture
à cheval	**en** avion
à pied	**en** train

Aufgepasst: Man kann sowohl *à vélo* als auch *en vélo* sagen.

8

9 Der Satz
La phrase

Es gibt verschiedene **Satzarten:**	
■ Aussagesatz,	Il va au cinéma.
■ Fragesatz (↑ S. 67),	**Va-t-il** au cinéma?
■ Imperativsatz (Befehlssatz) (↑ S. 69),	Dormez bien.
■ verneinter Satz (↑ S. 70 f.),	Il **ne** va **jamais** au cinéma.
■ Haupt- und Nebensatz (↑ S. 72 f.),	Il vient parce qu'il a le temps.
■ Infinitivsatz (↑ S. 80 f.).	J'écoute la pluie **tomber.**

Aussagesatz *(la phrase affirmative)*

Ein Aussagesatz besteht aus: **Subjekt + Verb (+ Ergänzung)**.	Le chien dort. · Nous achetons des livres.
Eine Ergänzung kann sein:	
■ ein direktes Objekt,	Je lis **un livre.**
■ ein indirektes Objekt,	J'écris **à ma mère.**
■ Ortsangaben (↑ S. 30 f.), Zeitangaben oder andere adverbiale Bestimmungen (Umstandsbestimmungen). Sie stehen entweder am Anfang (mit Komma abgetrennt) oder am Satzende.	Je passe mes vacances **en Italie.** · **Le matin,** je fais du jogging. · En général, je pars **avec ma sœur.**
Hat ein Satz ein direktes und ein indirektes Objekt, steht das **direkte Objekt vor dem indirekten** (↑ S. 28 f.).	J'écris **une lettre à ma mère.**

Fragesatz *(la phrase interrogative)*

Es gibt drei Frageformen.

■ **Intonationsfrage:** Ein Aussagesatz wird durch Anheben der Stimme (◡↗) am Satzende zur Frage (gesprochene Sprache).

Tu viens avec nous**?**

■ ***est-ce que*-Frage:** *est-ce que* steht am Satzanfang. Diese Form wird in der gesprochenen und geschriebenen Sprache verwendet, wird aber nicht ins Deutsche übersetzt.

Est-ce que tu viens avec nous**?** · **Est-ce que** c'est juste**?**

■ **Inversionsfrage:** Personalpronomen und Verb werden in der Stellung vertauscht und mit Bindestrich verbunden (geschriebene oder förmliche Sprache).

Viens-tu avec nous**?**

Endet das Verb in der 3. Person Singular und Plural *(il, elle, on, ils, elles)* mit einem Vokal, wird ein *-t-* eingeschoben.

A-**t**-il passé de bonnes vacances**?** · Combien ce livre coûte-**t**-il**?**

Aufgepasst: Im gesprochenen Französisch sollte man die Intonations- oder die *est-ce que*-Frage verwenden.

Fragewörter

Sie sind fast alle unveränderlich. Ausnahmen sind der Fragebegleiter *quel* (↑ S. 8) (1) und das Fragepronomen *lequel* (2), das auch ein Relativpronomen sein kann (↑ S. 35).

(1) **Quelle** couleur est-ce que tu préfères?
(2) Tu prends **lesquels?** (des stylos)

Fragewörter

Manche Fragewörter können auch mit einer Präposition kombiniert werden. Sie stehen am Satzanfang oder -ende.

De quoi parles-tu?
Tu penses **à qui?**
Vous venez **d'où?**

où?	– wo?/wohin?	Tu vas **où?** · **Où** tu vas? · **Où** est-ce que tu vas? · **Où** vas-tu?
qui?	– wen?	Tu attends **qui?** · **Qui** tu attends? · **Qui** est-ce que tu attends? · **Qui** attends-tu?
quoi?/que?	– was?	Tu fais **quoi?** · **Qu'**est-ce que tu fais? · **Que** fais-tu?
pourquoi?	– warum?	Tu fais ça **pourquoi?** · **Pourquoi** tu fais ça? · **Pourquoi** est-ce que tu fais ça? · **Pourquoi** fais-tu cela?
comment?	– wie?	Tu a fait **comment?** · **Comment** tu as fait? · **Comment** est-ce que tu as fait? · **Comment** as-tu fait?
combien?	– wie viel?	Il coûte **combien?** · **Combien** il coûte? · **Combien** est-ce qu'il coûte? · **Combien** coûte-t-il?
quand?	– wann?	Tu rentres **quand?** · **Quand** tu rentres? · **Quand** est-ce que tu rentres? · **Quand** rentres-tu?
quel?	– welche/welcher/welches/ + Substantiv?	Tu aimes **quel** film? · **Quel** film tu aimes? · **Quel** film est-ce que tu aimes? · **Quel** film aimes-tu?
lequel?	– welche/welcher/welches?	Tu préfères **lequel?** · **Lequel** tu préfères? · **Lequel** est-ce que tu préfères? · **Lequel** préfères-tu?

Wenn *qui* Subjekt ist, unterscheidet das Französische zwischen Personen und Sachen (*wer?/was?* = Subjekt).

Entsprechend wird die Frage mit
- *qui (est-ce qui)* (1) oder
- *qu'est-ce qui* (2) formuliert.

(1) **Qui** (est-ce **qui)** aime nager?
(2) **Qu'**est-ce **qui** te plaît?

Indirekter Fragesatz *(l'interrogation indirecte)*

Die Fragewörter ***qui, où, lequel*** und ***quoi*** werden auch in der indirekten Frage verwendet.
Zur indirekten Rede ↑ S. 77 f.

qui	«**Qui** va venir?» – Je me demande **qui** va venir.
où	«**Où** sommes-nous?» – Il demande **où** nous sommes.
lequel	«Tu prends **lequel?**» – Je demande **lequel** tu prends.
quoi	«Tu penses **à quoi?**» – Elle demande **à quoi** tu penses.

que, qu'est-ce que und ***qu'est-ce qui*** werden in der indirekten Frage zu *ce que* und *ce qui* (was).
- *ce que* steht bei Sachen als Objekt (1),
- *ce qui* steht bei Sachen als Subjekt (2).

(1) «**Que** fais-tu?» – Raconte-moi **ce que** tu fais.
(2) «**Qu'est-ce qui** se passe?» – Dis-moi **ce qui** se passe.

In Fragesätzen ohne Fragewort wird der Fragesatz in der indirekten Frage mit *si* angeschlossen (↑ S. 77).

«Est-ce que vous venez?» – Elle demande **si** vous venez.

Imperativ

Mit dem Imperativ wird ein Befehl oder ein Ratschlag ausgedrückt.
Zur Bildung ↑ S. 42.

Mange ta soupe.
N'**aie** pas peur.

Verneinung *(la négation)*

Die Verneinung wird im Französischen gebildet mit *ne ... pas*. Sie **umschließen** das **Verb.**

Nous **ne** sommes **pas** là.

■ *ne* wird vor Vokal und stummem *h* apostrophiert.

Je **n'**aime **pas** les chats.

■ Steht das Verb in einer zusammengesetzten Zeit, umschließt die Verneinung das Hilfsverb.

Je **n'**ai **pas** fermé la porte à cause de la chaleur.

■ Folgt dem Verb ein Infinitiv, steht die Verneinung um das konjugierte Verb.

Tu **ne** peux **pas** jouer du piano à minuit. · Je **ne** veux **pas** faire d'exception.

Verneinungswörter (Verneinungsadverbien)

ne ... pas	Le dimanche on **ne** travaille **pas.** (nicht)
ne ... pas du tout	Je **ne** suis **pas du tout** d'accord. (überhaupt nicht)
ne ... pas de	On **n'**a **pas de** sucre. (keinen)
ne ... plus	Je **ne** t'aime **plus.** (nicht mehr)
ne ... plus de	Vous **n'**avez **plus de** melons? (keine mehr)
ne ... rien	Je **ne** vois **rien.** (nichts)
ne ... jamais	Ils **ne** vont **jamais** au théâtre. (nie)
ne ... plus jamais	Je **ne** l'ai **plus jamais** revu. (nie mehr)
ni ... ni	Elle **ne** parle **ni** à Jean **ni** à Paul. (weder … noch)

Aufgepasst: Folgende Verneinungswörter stehen beim Passé composé nach dem Partizip:

ne ... personne	Je **n'**ai vu **personne.** (niemanden)
ne ... pas ... non plus	Je **n'**y suis **pas** allé(e) **non plus.** (auch nicht)
ne ... nulle part	Je **ne** les ai vu(e)s **nulle part.** (nirgendwo)

Aufgepasst: In der Umgangssprache wird *ne* oft weggelassen:

T'as vu mon frère? – Il est pas là. – Je comprends pas où il est allé!

Möchte man einen verneinten Satz bejahen oder umgekehrt, genügt es oft nicht, die Verneinungswörter einfach wegzulassen oder einzufügen. Auch im bejahten Satz steht ein Adverb.

Verneinter Satz		Bejahter Satz
ne ... plus nicht mehr Nous **ne** fumons **plus.**	↔	**encore** (immer) noch Eux, ils fument **encore.**
ne ... rien nichts Non merci, je **ne** prends **rien.**	↔	**quelque chose** etwas Oui, je prends **quelque chose.**
ne ... jamais nie Je **n'**ai **jamais** voyagé en Asie.	↔	**toujours** immer J'ai **toujours** voyagé en Europe.
ne ... personne niemanden (Objekt) La police **n'**arrête **personne.**	↔	**quelqu'un** jemanden La police a arrêté **quelqu'un.**
personne ne niemand (Subjekt) **Personne n'**écoute.	↔	**tout le monde** alle **Tout le monde** écoute.
ne ... aucun keinen (einzigen) Il **n'**a **aucun** scrupule.	↔	**quelques** einige Il a **quelques** scrupules.
ne ... pas non plus auch nicht Je **n'**aime **pas non plus** le fromage de chèvre.	↔	**aussi** auch J'aime **aussi** le fromage de chèvre.
ne ... nulle part nirgendwo Je **ne** peux trouver mon porte-monnaie **nulle part.**	↔	**partout** überall Je l'ai cherché **partout.**

Haupt- und Nebensatz
(la principale et la subordonnée)

Hauptsatz

Ein Hauptsatz ist ein vollständiger Satz, der für sich **allein stehen** kann.

Il aime les voitures.

Nebensatz

Ein Nebensatz **hängt von einem Hauptsatz ab** und hat ohne diesen keinen Sinn. Er kann durch
- eine Konjunktion (1) oder
- ein Relativpronomen (2) (↑ S. 35)

eingeleitet werden.

(1) **Si vous venez** nous irons visiter le musée Picasso.
(2) Il aime les voitures **qui coûtent cher.**

Nebensätze

Relativsatz	(der, die, das, den)	Il aime les voitures **qui** coûtent cher. · Elle aime la couleur **que** tu as choisie.
Kausalsatz	(weil)	Je peux venir **parce que** je suis libre ce soir.
Bedingungssatz	(falls)	Je peux venir **si** je suis libre ce soir.
Temporalsatz	(wenn)	Je peux venir **quand** tu veux.
Finalsatz	(um zu)	J'ai préparé ton repas **pour que** tu puisses manger après l'école.
Konsekutivsatz	(so dass)	Je viendrai te chercher **de sorte que** tu ne seras pas obligé(e) de prendre le bus.
Konzessivsatz	(obwohl)	Je sors **bien qu'**il pleuve.
durch *que* eingeleiteter Nebensatz	(dass)	Je crois **que** tu as raison.

Konjunktionen *(les conjonctions)*

Eine Konjunktion (lat. conjungere = verbinden) **verbindet Wortgruppen, Teilsätze** oder **Sätze** miteinander. Sie ist unveränderlich.

Elle est allée au marché **et** à la banque. · Nous sommes rentrés **parce qu'**il pleut.

Man unterscheidet zwei Arten von Konjunktionen:

- **Beiordnende Konjunktionen** verbinden Hauptsätze oder gleichwertige Satzglieder. Beigeordnete Sätze hängen nicht voneinander ab.

  et · mais · car · ou · donc
  Je veux faire un gâteau, **mais** je n'ai plus d'œufs. · Je pense **donc** je suis.

- **Unterordnende Konjunktionen** verbinden voneinander abhängende Sätze, z. B. Haupt- und Nebensatz.

  Elle sait **que nous avons déjà fait les courses pour la fête.**

Wichtige unterordnende Konjunktionen:

si	– wenn, falls, ob	**afin que**	– damit
que	– dass	**pour que**	– damit
parce que	– weil	**où que**	– wo
quand	– wenn	**à condition que**	– unter der Bedingung dass
depuis que	– seit	**bien que**	– obwohl
ça fait … que	– seit	**sans que**	– ohne dass
il y a … que	– seit	**avant que**	– vor, bevor
après que	– nach, nachdem	**jusqu'à ce que**	– bis

(↑ S. 69 indirekter Fragesatz, ↑ S. 76 Bedingungssatz, ↑ S. 77 indirekte Rede, ↑ S. 63 Zeitangaben, ↑ S. 55 ff. Subjonctif, ↑ S. 72 Nebensatz)

Relativsatz *(la relative)*

Ein Relativsatz ist ein **Nebensatz,** der durch ein **Relativpronomen** (↑ S. 35) mit dem Hauptsatz verbunden wird.

Il aime les voitures **qui coûtent cher.** · Elle a acheté le pull **qu'elle a vu hier.**

Das Relativpronomen ***qui*** ist **Subjekt** des Relativsatzes. Es kann für Sachen und Personen stehen.
qui steht immer direkt nach dem Substantiv, auf das es sich bezieht.
Auf *qui* folgt immer ein Verb.
Aufgepasst: Vor *qui* steht kein Komma.

Les voitures **qui** coûtent cher sont belles.

Ma mère **qui** a tout préparé n'est pas là.

Il aime les voitures.	**Les voitures** Subjekt	coûtent cher.
Il aime les voitures	**qui** Relativsatz mit *qui* als Subjekt	coûtent cher.

Das Relativpronomen ***que*** ist **direktes Objekt** eines Relativsatzes. Es kann für Sachen und Personen stehen.
que steht immer direkt nach dem Substantiv, auf das es sich bezieht.
Auf *que* folgt immer ein Substantiv oder ein Subjektpronomen (↑ S. 26).
Aufgepasst: Vor *que* steht kein Komma.

Le pull **que** tu as acheté hier est très chic.
L'homme **que** j'ai vu était ton père.

Elle a acheté le pull.	Elle a vu	**le pull** hier. direktes Objekt
Elle a acheté le pull		**qu'**elle a vu hier. Relativsatz mit *que* als direktem Objekt

Weitere Relativpronomen sind:
- *où, dont* und *lequel,*
- *ce qui* und *ce que,*
- *c'est ... qui* und *c'est ... que.*

La mise en relief

Mit *c'est ... qui* und *c'est ... que* können **Wörter oder Wortgruppen** besonders **betont** werden. Zwischen *c'est ... qui/que* steht entweder
- ein Substantiv oder
- ein unverbundenes Personalpronomen (↑ S. 27).

C'est mon vélo **que** j'ai nettoyé. · **C'est** moi **qui** suis venu(e) à l'heure.

Diese Konstruktion wird im Deutschen meist durch Betonung des Wortes oder der Wortgruppe wiedergegeben.
Aufgepasst: Bei *c'est ... qui* richtet sich das folgende Verb immer nach der hervorgehobenen Person.

Ich war pünktlich. · Ich habe **mein Fahrrad** geputzt.

C'est	**moi**	qui	**suis**	optimiste.
C'est	**toi**	qui	**es**	pessimiste.
C'est	**lui**	qui	**est**	hystérique.
C'est	**elle**	qui	**est**	dynamique.
C'est	**nous**	qui	**sommes**	critiques.
C'est	**vous**	qui	**êtes**	euphoriques.
C'est/Ce sont	**eux**	qui	**sont**	tristes.
C'est/Ce sont	**elles**	qui	**sont**	tristes aussi.

Bedingungssatz (si-Satz)
(la proposition conditionnelle)

Bedingungssätze
- drücken eine Bedingung aus: **Was passiert, wenn ...?,**
- werden mit ***si*** eingeleitet *(si + il/ils = s'il/s'ils),*
- können **vor oder nach dem Hauptsatz** stehen.

Aufgepasst: Verwechsle *si (falls, wenn)* nicht mit *quand (sobald, wenn),* das temporal gebraucht wird.

Si tu viens, nous irons au bistrot. · **S'il arrive ce soir,** on mange à trois. Nous irons au café **si elle vient.** J'irai au bistrot **quand** j'aurai terminé cela.

- Steht der *si*-Satz im **Präsens,** steht der Hauptsatz im **Präsens** oder im **Futur.** Die Erfüllung der Bedingung ist möglich oder wahrscheinlich.

Aufgepasst: Im *si*-Satz steht nie Futur.

Si tu **viens,** nous **allons/irons** au bistrot.

- Steht der *si*-Satz im **Imparfait,** steht der Hauptsatz im **Konditional I.** Die Erfüllung der Bedingung ist unmöglich oder wenig wahrscheinlich.

Si j'**étais** toi, je **ferais** plus de sport.

- Steht der *si*-Satz im **Plus-que-parfait,** steht der Hauptsatz im **Konditional II.** Die Erfüllung der Bedingung ist unmöglich.

Aufgepasst: Anders als im Deutschen steht im *si*-Satz nie Konditional.

Si nous **avions organisé** la fête plus tôt, nous **n'aurions** pas **eu** tant de stress.

***si*-Satz**		**Hauptsatz**
Präsens	+	Präsens, Futur
Imparfait	+	Konditional I
Plus-que-parfait	+	Konditional II

Indirekte Rede *(le discours indirect)*

- In der indirekten Rede wird eine **Äußerung wiedergegeben.** Sie wird eingeleitet durch ein **Verb des Sagens oder Denkens + *que*** (1).
- In der **indirekten Frage** (↑ S. 69) steht ***si*** oder ein **Fragewort** (2).

Vor *que* oder *si* steht kein Komma.

Aufgepasst: Die Wortstellung in der indirekten Rede oder Frage ist die gleiche wie in der direkten Rede (3).

(1) «Nous passons le week-end à Paris.» – **Elle dit qu'**ils passent le week-end à Paris.
(2) Je me demande **si** c'est vrai.
(3) «Il a mal aux pieds.» – Elle **dit qu'**il a mal aux pieds.

Änderung der Pronomen

Wie im Deutschen ändern sich in der indirekten Rede/Frage die Subjektpronomen (↑ S. 26 f.), Objektpronomen (↑ S. 28 f.), Possessivbegleiter (↑ S. 7), Possessivpronomen (↑ S. 34).

direkte Rede	**indirekte Rede**	**direkte Rede**	**indirekte Rede**
je	→ il/elle	«**J'**ai mal aux pieds.»	Il a dit qu'**il** avait mal aux pieds.
moi	→ lui/elle	«C'est **moi!**»	Elle dit que c'est **elle.**
notre	→ leur	«C'est **notre** chat!»	Ils disent que c'est **leur** chat.
mon	→ son	«C'est **mon** chat!»	Elle a dit que c'était **son** chat.
le mien	→ le sien	«C'est **la mienne!**»	Il dit que c'est **la sienne.**
me, nous	→ se	«Je **me** suis fâchée.»	Elle a dit qu'elle **s'**était fâchée.

Zeitenfolge

Steht in der indirekten Rede/Frage **der redeeinleitende Satz** im Passé composé, Imparfait oder Plus-que-parfait, ändern sich im Nebensatz die Zeiten der Verben **(Zeitenfolge)**.

Il a dit que …
Il disait que …
Il avait dit que …

direkte Rede	**indirekte Rede**
Präsens «J'**ai** le temps.»	Imparfait Il a dit qu'il **avait** le temps.
Passé composé «J'**ai eu** le temps.»	Plus-que-parfait Elle disait qu'elle **avait eu** le temps.
Futur I «J'**aurai** le temps.»	Konditional I J'avais dit que j'**aurais** le temps.
Futur II «J'**aurai eu** le temps.»	Konditional II J'ai dit que j'**aurais eu** le temps.
keine Zeitenfolge	
Imparfait	Imparfait
Plus-que-parfait	Plus-que-parfait
Konditional I+II	Konditional I+II

Orts- und Zeitangaben

Einige Orts- und Zeitangaben (↑ S. 30 f., 62 f.) ändern sich in der indirekten Rede oder Frage ebenfalls.

«Tu dois rester **ici.**» – J'ai dit que tu devais rester **là.**

maintenant	alors, à ce moment-là
hier	la veille (Vortag)
aujourd'hui	ce jour-là
demain	le lendemain

Aktiv und Passiv *(l'actif et le passif)*

Bildung

Passivsätze werden gebildet mit einer Form von **être + Participe passé** des Verbs. Das Participe passé (↑ S. 43) gleicht sich in Geschlecht und Zahl dem Subjekt an.

Le garage **est nettoyé.**
Les fleurs sont coupé**es.**

Marc **nettoie** les fenêtres.

Les fenêtres **sont nettoyées** (par Marc).

Wandelt man einen Aktivsatz in einen Passivsatz um wird
- das **direkte Objekt des Aktivsatzes** zum Subjekt des Passivsatzes und
- das **Subjekt des Aktivsatzes** – falls erforderlich – mit *par* angeschlossen.

Das Passiv kann wie das Aktiv in **allen Zeiten und Modi** gebildet werden.

Präsens	Le garage **est** nettoyé par Marc.
Passé composé	Les fenêtres **ont été** nettoyées par moi.
Imparfait	J'**étais** aidée par Sandrine, ma copine.
Futur I	Toute la famille **sera** invitée.
Konditional I	L'anniversaire de ma mère **serait** fêté.
Subjonctif	Elle veut que la maison **soit** bien préparée.

Alternativkonstruktionen ↑ S. 80 f.

Kurz und knapp: Satzverkürzungen

Im Französischen gibt es verschiedene Konstruktionen, mit denen umständliche Nebensätze elegant vermieden werden können.

Nebensätze mit Relativpronomen und Konjunktionen

❶ Cette lettre **qui avait été postée** le 1er mai a mis quinze jours!
Quand le chauffeur est arrivé devant l'hôtel, il s'est arrêté.
Comme les étudiants avaient terminé leurs cours, ils sont allés se baigner.

❷ Elle connaît toutes les plantes **qui se trouvent** dans le livre.
Quand je pense à mes vacances, je rêve de la mer.
Comme il avait du boulot il ne pouvait pas venir.

❸ Elle s'est fait mal **quand elle faisait** du ski.
Bien qu'il écrive, il pense à autre chose.
Elle m'a bien aidé **parce qu'elle a fait** la vaisselle.

Verkürzungen mit dem Participe passé

Das Participe passé wird häufig in der Bedeutung eines Relativ-, Temporal- oder Kausalsatzes verwendet.

❶ Cette lettre **postée** le 1er mai a mis quinze jours!
Arrivé devant l'hôtel, le chauffeur s'est arrêté.
Leurs cours **terminés,** les étudiants sont allés se baigner.

Verkürzungen mit dem Participe présent

In der Regel drückt die Partizipialkonstruktion einen Vorgang aus, der **gleichzeitig** mit dem im Hauptsatz abläuft.

❷ Elle connaît toutes les plantes **se trouvant** dans le livre.
Pensant à mes vacances, je rêve de la mer.
Ayant du boulot il ne pouvait pas venir.

Verkürzungen mit dem Gérondif

Die Vorgänge im Hauptsatz und im Satz mit Gérondif sind immer **gleichzeitig.** Gérondif und konjugiertes Verb haben immer dasselbe Bezugswort.

→ 3 Elle s'est fait mal **en faisant** du ski.
Tout en écrivant, il pense à autre chose.
En faisant la vaisselle, elle m'a bien aidé.

Sätze mit Subjonctif (↑ S. 55 f.)

Il faut **que** j'**aille** à l'école.

Verkürzung durch Infinitiv

Haben Haupt- und Nebensatz das gleiche Subjekt, kann ein Infinitiv angeschlossen werden.

→ Je dois **aller** à l'école.

Passivsätze (↑ S. 79 f.)

Ce produit **est vendu** dans toute l'Europe.
Ce mot **est écrit** comment?

Sätze mit reflexiven Verben	Aktivsätze mit *on*
Ce produit **se vend** dans toute l'Europe. Ce mot **s'écrit** comment?	**On vend** ce produit dans toute l'Europe. Comment **écrit-on** ce mot?

Infinitif	Présent	Passé composé Participe passé
aller (gehen)	je vais tu vas il va ns allons ils vont	je suis allé(e)
s'asseoir (sich hinsetzen)	je m'assois il s'assoit ns ns asseyons ils s'assoient	je me suis assis(e)
avoir (haben)	j'ai tu as il a ns avons ils ont	j'ai eu
battre (schlagen)	je bats il bat ns battons ils battent	j'ai battu
boire (trinken)	je bois il boit ns buvons ils boivent	j'ai bu
conduire (führen, fahren)	je conduis il conduit ns conduisons vs conduisez	j'ai conduit
connaître (kennen, wissen)	je connais il connaît ns connaissons ils connaissent	j'ai connu

Imparfait	Futur I	Subjonctif présent	*ebenso*
j'allais ns allions	j'irai ns irons	que j'aille que ns allions	
je m'asseyais ns ns asseyions	je m'assoirai ns ns as-soirons	que je m'assoie que ns ns assoy-ions	
j'avais ns avions	j'aurai ns aurons	que j'aie que ns ayons	
je battais ns battions	je battrai ns battrons	que je batte que ns battions	combattre
je buvais nous buvions	je boirai ns boirons	que je boive que ns buvions	
je conduisais ns conduisions	je conduirai ns conduirons	que je conduise que ns conduisions	construire
je connaissais ns connaissions	je connaîtrai ns connaît-rons	que je connaisse que ns connaissions	paraître

Infinitif	Présent	Passé composé Participe passé
construire (bauen, errichten)	je construis il construit ns construisons ils construisent	j'ai construit
craindre (fürchten)	je crains il craint ns craignons ils craignent	j'ai craint
croire (glauben)	je crois il croit ns croyons ils croient	j'ai cru
courir (laufen, rennen)	je cours il court ns courons ils courent	j'ai couru
devoir (müssen, sollen)	je dois il doit ns devons ils doivent	j'ai dû
dire (sagen)	je dis il dit ns disons vs dites ils disent	j'ai dit
dormir (schlafen)	je dors il dort ns dormons ils dorment	j'ai dormi

Imparfait	Futur I	Subjonctif présent	*ebenso*
je construisais ns construisions	je construirai ns construirons	que je construise que ns construisions	
je craignais ns craignions	je craindrai ns craindrons	que je craigne que ns craignions	contraindre plaindre
je croyais ns croyions	je croirai ns croirons	que je croie que ns croyions	
je courais ns courions	je courrai ns courrons	que je coure que ns courions	concourir
je devais ns devions	je devrai ns devrons	que je doive que ns devions	
je disais ns disions	je dirai ns dirons	que je dise que ns disions	
je dormais ns dormions	je dormirai ns dormirons	que je dorme que ns dormions	sentir

Infinitif	Présent	Passé composé Participe passé
écrire (schreiben)	j'écris il écrit ns écrivons ils écrivent	j'ai écrit
être (sein)	je suis tu es il est ns sommes vous êtes ils sont	j'ai été
faire (machen, tun)	je fais il fait ns faisons [fəzɔ̃] vs faites ils font	j'ai fait
falloir (brauchen, benötigen)	il faut	il a fallu
fuir (fliehen)	je fuis il fuit ns fuyons ils fuient	j'ai fuit
lire (lesen)	je lis il lit ns lisons ils lisent	j'ai lu
mettre (setzen, stellen, legen)	je mets il met ns mettons ils mettent	j'ai mis

Imparfait	Futur I	Subjonctif présent	*ebenso*
j'écrivais ns écrivions	j'écrirai ns écrirons	que j'écrive que ns écrivions	décrire
j'étais ns étions	je serai ns serons	que je sois que nous soyons	
je faisais ns faisions	je ferai ns ferons	que je fasse que ns fassions	satisfaire
il fallait	il faudra	qu'il faille	
je fuyais ns fuyions	je fuirai ns fuirons	que je fuie que ns fuyions	s'enfuir
je lisais ns lisions	je lirai ns lirons	que je lise que ns lisions	élire, relire
je mettais ns mettions	je mettrai ns mettrons	que je mette que ns mettions	permettre

Infinitif	Présent	Passé composé Participe passé
mourir (sterben)	je meurs il meurt ns mourons ils meurent	je suis mort(e)
naître (geboren werden)	je nais il naît ns naissons ils naissent	je suis né(e)
ouvrir (öffnen)	j'ouvre tu ouvres il ouvre ns ouvrons ils ouvrent	j'ai ouvert
plaire (gefallen)	je plais il plaît ns plaisons ils plaisent	j'ai plu
pleuvoir (regnen)	il pleut	il a plu
pouvoir (können)	je peux il peut ns pouvons ils peuvent	j'ai pu
prendre (nehmen)	je prends il prend ns prenons ils prennent	j'ai pris

Imparfait	Futur I	Subjonctif présent	*ebenso*
je mourais ns mourions	je mourrai ns mourrons	que je meure que ns mourions	
je naissais ns naissions	il naîtra	qu'il naisse	
j'ouvrais ns ouvrions	j'ouvrirai ns ouvrirons	que j'ouvre que ns ouvrions	
je plaisais ns plaisions	je plairai ns plairons	que je plaise que ns plaisions	
il pleuvait	il pleuvra	qu'il pleuve	
je pouvais ns pouvions	je pourrai ns pourrons	que je puisse que ns puissions	
je prenais ns prenions	je prendrai ns prendrons	que je prenne que ns prenions	apprendre, comprendre

Infinitif	Présent	Passé composé Participe passé
recevoir (erhalten, bekommen)	je reçois il reçoit ns recevons ils reçoivent	j'ai reçu
rire (lachen)	je ris il rit ns rions ils rient	j'ai ri
savoir (wissen)	je sais il sait ns savons ils savent	j'ai su
sentir (fühlen, riechen)	je sens il sent ns sentons ils sentent	j'ai senti
suffire (genügen)	il suffit	il a suffi
suivre (folgen)	je suis il suit ns suivons ils suivent	j'ai suivi
se taire (schweigen)	je me tais il se tait ns ns taisons ils se taisent	je me suis tu(e)

Imparfait	Futur I	Subjonctif présent	*ebenso*
je recevais ns recevions	je recevrai ns recevrons	que je reçoive que ns recevions	
je riais ns riions	je rirai ns rirons	que je rie que ns riions	sourire
je savais ns savions	je saurai ns saurons	que je sache que ns sachions	
je sentais ns sentions	je sentirai ns sentirons	que je sente que ns sentions	mentir, partir, servir, sortir
il suffisait	il suffira	qu'il suffise	
je suivais ns suivions	je suivrai ns suivrons	que je suive que ns suivions	poursuivre
je me taisais ns ns taisions	je me tairai ns ns tairons	que je me taise que ns ns taisions	

Infinitif	Présent	Passé composé Participe passé
tenir (halten)	je tiens il tient ns tenons ils tiennent	j'ai tenu
vaincre (besiegen)	je vaincs il vainc ns vainquons ils vainquent	j'ai vaincu
valoir (gelten, wert sein)	il vaut	il a valu
venir (kommen)	je viens il vient ns venons ils viennent	je suis venu(e)
vivre (leben)	je vis il vit ns vivons ils vivent	j'ai vécu
voir (sehen)	je vois il voit ns voyons ils voient	j'ai vu
vouloir (wollen)	je veux il veut ns voulons ils veulent	j'ai voulu

Imparfait	Futur I	Subjonctif présent	*ebenso*
je tenais ns tenions	je tiendrai ns tiendrons	que je tienne que ns tenions	
je vainquais ns vainquions	je vaincrai ns vaincrons	que je vainque que ns vainquions	convaincre
il valait	il vaudra	qu'il vaille	
je venais ns venions	je viendrai ns viendrons	que je vienne que ns venions	
je vivais ns vivions	je vivrai ns vivrons	que je vive que ns vivions	survivre
je voyais ns voyions	je verrai ns verrons	que je voie que ns voyions	revoir
je voulais ns voulions	je voudrai ns voudrons	que je veuille que ns voulions	

Testfragen

Hier kannst du testen, wie gut du den Schulstoff beherrschst. Zu jeder Frage gibt es genau *eine* richtige Antwort. Wenn du unsicher bist oder mehr wissen möchtest, zeigen dir die Seitenverweise am Rand, wo du ausführliche Informationen findest. Die Lösungen stehen auf Seite 109.

Schwierigkeitsgrad: einfach

↑ S. 4

1 Die weibliche und männliche Pluralform des bestimmten Artikels lautet ...

☒ a) les.
☐ b) las.
☐ c) des.

↑ S. 20

2 Wie schreibt man die Grundzahl 71 aus?

☐ a) septante et un/une
☒ b) soixante et onze
☐ c) soixante et un/une

↑ S. 7

3 Trifft der Possessivbegleiter *ma* auf ein Substantiv, das mit einem Vokal oder stummen *h* beginnt, ...

☐ a) wird *ma* zu *m':* m'amie.
☒ b) wird *ma* zu *mon*: mon amie.
☐ c) wird *ma* zu *mes*: mes amie.

↑ S. 36

4 Wie viele Gruppen von Verben unterscheidet man im Französischen?

☐ a) Vier.
☐ b) Drei.
☐ c) Sieben.

5 Eine Faustregel zur Bestimmung des grammatischen Geschlechts lautet: Feminin sind alle ... ↑ S. 10

☐ **a)** Substantive auf *-tion:* la présentation.
☐ **b)** Sprachen: la portugais.
☐ **c)** Substantive auf *-eau:* la chapeau.

6 Welche Aussage zum grammatischen Geschlecht ist richtig? Maskulin sind ... ↑ S. 11

☐ **a)** alle Automarken.
☐ **b)** alle Substantive auf *-té*.
☐ **c)** alle Farben.

7 Was wird mit dem Passé composé ausgedrückt? ↑ S. 43

☐ **a)** Handlungen in der Vergangenheit.
☐ **b)** Handlungen in der Zukunft.
☐ **c)** Handlungen in der Gegenwart.

8 Bei Substantiven auf *-eau* und *-eu* hängt man im Plural ... ↑ S. 12

☐ **a)** ein *-s* an.
☐ **b)** ein *-z* an.
☐ **c)** ein *-x* an.

9 Wie wird der Plural bei zusammengesetzten Substantiven gebildet? In der Regel ... ↑ S. 13

☐ **a)** erhält nur das erste Wort ein Plural-*s*.
☐ **b)** erhalten beide Wörter ein Plural-*s*.
☐ **c)** erhält nur das zweite Wort ein Plural-*s*.

10 Welche Zahl ist richtig? ↑ S. 21

☐ **a)** le quatorze juillet
☐ **b)** le quatorzième juillet
☐ **c)** le quatorzienne juillet

11 Wie ist es richtig? ↑ S. 5

☐ **a)** Je vais a le cinéma.
☐ **b)** Je vais au cinéma.
☐ **c)** Je vais aux cinéma.

↑S. 26

12 Wörter, die stellvertretend für einen Satzteil stehen, heißen ...
- ☐ a) Substantive.
- ☐ b) Artikel.
- ☐ c) Pronomen.

↑S. 36

13 Die *tu*-Form des Verbs *parler* im Präsens lautet ...
- ☐ a) tu parlez.
- ☐ b) tu parles.
- ☐ c) tu parle.

↑S. 26

14 Wie lautet die Regel? Das Subjektpronomen steht immer zusammen mit einem Verb und ersetzt ...
- ☐ a) das Subjekt.
- ☐ b) das direkte Objekt.
- ☐ c) das indirekte Objekt.

↑S. 8

15 Der Demonstrativbegleiter im Femininum Singular lautet ...
- ☐ a) cette.
- ☐ b) ce / cet.
- ☐ c) ces.

↑S. 36

16 Die meisten französischen Verben gehören zur Gruppe der ...
- ☐ a) Verben auf *-ir.*
- ☐ b) unregelmäßigen Verben.
- ☐ c) Verben auf *-er.*

↑S. 36

17 Das Verb *aller* ist ein ...
- ☐ a) unregelmäßiges Verb.
- ☐ b) regelmäßiges Verb.

↑S. 26

18 Was ist richtig, wenn man das Subjekt in folgendem Satz ersetzen will? *La jeune fille écrit.*
- ☐ a) Il écrit.
- ☐ b) Elle écrit.
- ☐ c) Elles écrit.

19 Wie lautet die *nous*-Form des Verbs *finir* im Präsens? ↑ S. 39

☐ **a)** Nous finisons.
☐ **b)** Nous finissons.
☐ **c)** Nous finions.

20 Das Verb *aller* bildet den Imperativ im Singular aus der ... ↑ S. 42

☐ **a)** 1. Person Singular.
☐ **b)** 2. Person Singular.
☐ **c)** 3. Person Singular.

21 Der regelmäßige Plural von Substantiven wird gebildet ... ↑ S. 12

☐ **a)** mit *-e*.
☐ **b)** mit *-s*.
☐ **c)** durch eine andere Aussprache.

22 Die Verneinung wird im Französischen gebildet mit ... ↑ S. 70

☐ **a)** ne.
☐ **b)** pas.
☐ **c)** ne ... pas.

23 Woraus setzt sich das Futur composé (die nahe Zukunft) zusammen? ↑ S. 49

☐ **a)** Aus *aller* + Infinitiv des Verbs.
☐ **b)** Aus *venir* + Infinitiv des Verbs.
☐ **c)** Aus *venir* + *de* + *faire qc*.

24 Wenn ein Aussagesatz durch Anheben der Stimme am Satzende zur Frage wird, spricht man von einer ... ↑ S. 67

☐ **a)** Inversionsfrage.
☐ **b)** Intonationsfrage.
☐ **c)** *est-ce que*-Frage.

25 Welche Präposition ist richtig, wenn man ausdrücken will, *wohin* man geht? ↑ S. 62

☐ **a)** Je vais de la librairie.
☐ **b)** Je vais pour la librairie.
☐ **c)** Je vais à la librairie.

↑ S. 62

26 Präpositionen sind in ihrer Form ...
- ☐ a) veränderlich.
- ☐ b) unveränderlich.
- ☐ c) veränderlich oder unveränderlich.

↑ S. 69

27 Was wird mit dem Imperativ ausgedrückt?
- ☐ a) Eine Bitte oder ein Wunsch.
- ☐ b) Ein Befehl oder Ratschlag.
- ☐ c) Eine Handlung in der Vergangenheit.

↑ S. 43

28 Wie ist das Passé composé richtig gebildet?
- ☐ a) J'ai préparu un gâteau.
- ☐ b) J'ai préparé un gâteau.
- ☐ c) J'ai prépari un gateau.

↑ S. 70

29 Wie ist es richtig?
- ☐ a) Je n'aime pas les chats.
- ☐ b) Je ne aime pas les chats.
- ☐ c) Je aime pas les chats.

Schwierigkeitsgrad: mittel

↑ S. 6

30 Fast immer gilt: Steht im Deutschen kein Artikel, steht im Französischen ...
- ☐ a) ebenfalls kein Artikel.
- ☐ b) immer der bestimmte Artikel.
- ☐ c) der Teilungsartikel.

↑ S. 11

31 Wie ist es richtig, wenn bei der Berufsbezeichnung ausdrücklich eine Frau gemeint ist?
- ☐ a) un médecin
- ☐ b) une femme médecin
- ☐ c) le médecin

32 Wie ist es richtig? Achte auf das Adjektiv. ↑ S. 14

- ☐ **a)** la mer bleue
- ☐ **b)** la mer bleu
- ☐ **c)** la mer bleus

33 Alle Verben der Bewegungsrichtung und alle reflexiven Verben bilden das Passé composé mit ... ↑ S. 43

- ☐ **a)** avoir.
- ☐ **b)** être.
- ☐ **c)** avoir oder être.

34 Welches Adjektiv ist richtig? ↑ S. 15

- ☐ **a)** un vieux arbre
- ☐ **b)** un vieil arbre
- ☐ **c)** un arbre vieux

35 Die Zeitangabe *cette année* ist ein Signal für ... ↑ S. 46

- ☐ **a)** das Présent.
- ☐ **b)** das Passé composé.
- ☐ **c)** das Imparfait.

36 Wie ist es korrekt, wenn man ausdrücken will, dass man über etwas glücklich ist? ↑ S. 18

- ☐ **a)** heureux/heureuse de
- ☐ **b)** heureux/heureuse à
- ☐ **c)** heureux/heureuse aux

37 Adverbien im Französischen haben eine ... ↑ S. 22

- ☐ **a)** unveränderliche Form.
- ☐ **b)** unveränderliche oder veränderliche Form.
- ☐ **c)** veränderliche Form.

38 Welche Wortart wird im folgenden Satz durch das Adverb näher bestimmt? *Ce gâteau est vraiment bon!* ↑ S. 24

- ☐ **a)** Das Verb.
- ☐ **b)** Das Substantiv.
- ☐ **c)** Das Adjektiv.

↑S. 22

39 Wie werden die meisten Adverbien gebildet?
- ☐ a) Mit der femininen Form des Adjektivs + *-ment*.
- ☐ b) Mit der femininen Form des Adjektivs + *-men*.
- ☐ c) Mit der maskulinen Form des Adjektivs + *-ment*.

↑S. 23

40 Wie lautet das Adverb zum Adjektiv *bon?*
- ☐ a) bonment
- ☐ b) bien
- ☐ c) bonamment

↑S. 73

41 Was verbindet Wortgruppen, Teilsätze oder Sätze miteinander?
- ☐ a) Eine Präposition.
- ☐ b) Ein Pronomen.
- ☐ c) Eine Konjunktion.

↑S. 61

42 Es gibt Verbergänzungen mit und ohne Präposition. Wie ist es richtig?
- ☐ a) Ohne Präposition: aider qn.
- ☐ b) Mit der Präposition *à:* aider à qn.
- ☐ c) Mit der Präposition *de:* aider de qn.

↑S. 31

43 Wie lautet eine korrekte Antwort auf die folgende Frage? *Tu vas à la piscine?*
- ☐ a) Oui, j'y vais.
- ☐ b) Oui, je y vais.
- ☐ c) Oui, j'en vais.

↑S. 37

44 Das Verb *ouvrir* ist ein unregelmäßiges Verb. Es wird aber im Präsens wie die ...
- ☐ a) regelmäßigen Verben auf *-er* konjugiert.
- ☐ b) regelmäßigen Verben auf *-ir* konjugiert.
- ☐ c) regelmäßigen Verben auf *-dre* konjugiert.

45 Die Zeitangabe *chaque année* ist ein Signal für ... ↑ S. 46

☐ **a)** das Présent.
☐ **b)** das Passé composé.
☐ **c)** das Imparfait.

46 Adjektive auf *-e* haben für Maskulinum und Femininum ... ↑ S. 14

☐ **a)** verschiedene Formen.
☐ **b)** verschiedene Aussprachen.
☐ **c)** die gleiche Form und die gleiche Aussprache.

47 Wie ist das Passé composé richtig gebildet: mit *avoir* oder mit *être?* ↑ S. 43

☐ **a)** Il est allé au concert.
☐ **b)** Il a allé au concert.

48 Adjektive wie *beau, bon, joli, petit* stehen ... ↑ S. 17

☐ **a)** vor dem Substantiv.
☐ **b)** nach dem Substantiv.
☐ **c)** manchmal vor, manchmal nach dem Substantiv.

49 Um welche Art von Verbergänzung handelt es sich bei diesem Satz? *Il faut faire les courses.* ↑ S. 60

☐ **a)** Um eine Ergänzung mit einem Substantiv.
☐ **b)** Um eine Ergänzung mit einer Präposition.
☐ **c)** Um eine Ergänzung mit einem Infinitiv.

50 Der Fragebegleiter *quel* ... ↑ S. 67

☐ **a)** ist unveränderlich.
☐ **b)** ist veränderlich.

51 Welches Pronomen ist richtig bei der Beantwortung dieser Frage? *Vous prenez de la limonade?* ↑ S. 30

☐ **a)** Oui, nous y prenons.
☐ **b)** Oui, nous en prenons.
☐ **c)** Oui, nous la prenons.

↑ S. 74
52 Wodurch wird ein Relativsatz mit dem Hauptsatz verbunden?
- ☐ a) Durch das Wörtchen *si.*
- ☐ b) Durch ein Relativpronomen.
- ☐ c) Durch eine beiordnende Konjunktion.

↑ S. 62
53 Wie werden die Präpositionen *derrière* und *devant* übersetzt?
- ☐ a) Mit *hinter* und *vor.*
- ☐ b) Mit *gegenüber* und *zwischen.*
- ☐ c) Mit *neben* und *unter.*

↑ S. 72
54 Um welche Art von Nebensatz handelt es sich hierbei?
Il aime les voitures qui coûtent cher.
- ☐ a) Um einen Bedingungssatz.
- ☐ b) Um einen Relativsatz.
- ☐ c) Um einen Temporalsatz.

↑ S. 28
55 Wie lautet die korrekte Antwort auf die folgende Frage?
Tu connais les films de Disney?
- ☐ a) Je tous les connais.
- ☐ b) Je connais les tous.
- ☐ c) Je les connais tous.

↑ S. 73
56 Unterordnende Konjunktionen verbinden ...
- ☐ a) voneinander abhängende Sätze.
- ☐ b) Hauptsätze.
- ☐ c) gleichwertige Satzglieder.

↑ S. 73
57 Was bedeutet die Konjunktion *à condition que?*
- ☐ a) Damit.
- ☐ b) Obwohl.
- ☐ c) Unter der Bedingung, dass ...

↑ S. 67
58 Wie ist der Fragebegleiter in der Frage richtig geschrieben?
- ☐ a) Quelle couleur est-ce que tu préfères?
- ☐ b) Quel couleur est-ce que tu préfères?

59 Wobei handelt es sich um einen Temporalsatz? ↑S. 72

- ☐ **a)** Je peux venir quand tu veux.
- ☐ **b)** Je crois que tu as raison.
- ☐ **c)** Il aime les voitures qui coûtent cher.

60 Das Relativpronomen *qui* steht immer ... ↑S. 74

- ☐ **a)** am Ende des Satzes.
- ☐ **b)** vor dem Substantiv, auf das es sich bezieht.
- ☐ **c)** nach dem Substantiv, auf das es sich bezieht.

61 Wie ist die folgende Äußerung in der indirekten Rede korrekt wiedergegeben? *C'est notre chat.* ↑S. 77

- ☐ **a)** Ils disent que c'est leur chat.
- ☐ **b)** Ils disent que c'est notre chat.
- ☐ **c)** Ils disent que c'est son chat.

Schwierigkeitsgrad: schwer

62 Die Indefinitbegleiter *chaque* und *plusieurs* sind ... ↑S. 9

- ☐ **a)** veränderlich.
- ☐ **b)** unveränderlich.

63 Eine feste Wendung mit *tout* lautet korrekt ... ↑S. 9

- ☐ **a)** tout le mondes.
- ☐ **b)** tout les mondes.
- ☐ **c)** tout le monde.

64 Adjektivergänzungen mit *à* und *de* heißen ... ↑S. 18

- ☐ **a)** substanzielle Ergänzungen.
- ☐ **b)** regelmäßige Ergänzungen.
- ☐ **c)** nominale Ergänzungen.

65 Welches Demonstrativpronomen ist richtig bei der Beantwortung der Frage *C'est ta bicyclette?* ↑S. 33

- ☐ **a)** Non, c'est celui de ma soeur.
- ☐ **b)** Non, c'est celles de ma soeur.
- ☐ **c)** Non, c'est celle de ma soeur.

↑S. 24
66 Wie ist die Stellung des Adverbs richtig?
- ☐ a) J'ai toujours pensé à lui.
- ☐ b) J'ai pensé toujours à lui.
- ☐ c) J'ai pensé à lui toujours.

↑S. 34
67 Welches Possessivpronomen ist richtig bei der Beantwortung dieser Frage? *On prend ma voiture?*
- ☐ a) Non, on prend le mien.
- ☐ b) Non, on prend la mienne.
- ☐ c) Non, on prend la mien.

↑S. 37
68 Wie ist es richtig?
- ☐ a) envoyer: j'envoye, tu envoyes ...
- ☐ b) envoyer: j'envoyes, tu envoye ...
- ☐ c) envoyer: j'envoie, tu envoies ...

↑S. 40
69 Welche Präsensformen des Verbs *battre* sind korrekt?
- ☐ a) je bats, ils battent
- ☐ b) tu bat, vous batez
- ☐ c) il/elle/on bats, nous bassons

↑S. 55
70 Aus welchem Stamm wird der Subjonctif gebildet?
- ☐ a) Aus dem Stamm der *nous*-Form im Präsens.
- ☐ b) Aus dem Stamm der *ils-/elles*-Form im Präsens.
- ☐ c) Aus der *je*-Form des Verbs im Präsens.

↑S. 41
71 Die *ils-/elles*-Form des Verbs *recevoir* im Präsens lautet ...
- ☐ a) ils/elles recevent.
- ☐ b) ils/elles recent.
- ☐ c) ils/elles reçoivent.

↑S. 50
72 Aus welcher Form des Verbs wird das Futur I bei allen Verben auf *-er* abgeleitet?
- ☐ a) Aus der *ils-/elles*-Form im Präsens.
- ☐ b) Aus der *nous*-Form im Präsens.
- ☐ c) Aus der *je*-Form im Präsens.

73 Wie lautet das Futur I des Verbs *prendre*? ↑ S. 50

- ☐ **a)** je prendrai
- ☐ **b)** je prenderai
- ☐ **c)** j'aurai pris

74 In der gesprochenen Sprache wird im Französischen oft ... ↑ S. 51

- ☐ **a)** das Futur I vorgezogen.
- ☐ **b)** das Futur composé vorgezogen.
- ☐ **c)** keine der beiden Zukunftsformen vorgezogen.

75 Wobei handelt es sich um den Konditional I? ↑ S. 51

- ☐ **a)** j'aimeras
- ☐ **b)** j'aimerai
- ☐ **c)** j'aimerais

76 Was ist bei Futur I und Konditional I gleich? ↑ S. 51

- ☐ **a)** Der Verbstamm.
- ☐ **b)** Die Endungen.
- ☐ **c)** Nichts.

77 Was bedeutet folgende nützliche Wendung mit dem Konditional I? *Je voudrais ...* ↑ S. 52

- ☐ **a)** Ich würde gerne ...
- ☐ **b)** Ich hätte gerne ...
- ☐ **c)** Ich fände es besser ...

78 Was setzt sich aus dem Hilfsverb *être* oder *avoir* im Futur I + Participe passé zusammen? ↑ S. 53

- ☐ **a)** Das Futur composé.
- ☐ **b)** Das Futur I.
- ☐ **c)** Das Futur II.

79 Wie lautet die richtige Übersetzung folgenden Satzes? *Ich werde mit der Lehrerin gesprochen haben.* ↑ S. 53

- ☐ **a)** J'aurai parlé au prof.
- ☐ **b)** Je parlerai au prof.
- ☐ **c)** Je vais parler au prof.

↑S. 54

80 Wie wird der Konditional II gebildet? Aus dem Hilfsverb *être* oder *avoir* ...

☐ a) im Futur II + dem Participe passé.
☐ b) im Konditional I + dem Participe passé.
☐ c) im Futur I + dem Participe passé.

↑S. 54

81 Wie lautet die Regel? Der Konditional II bezeichnet eine Möglichkeit, deren Realisierung ...

☐ a) gewiss ist.
☐ b) wahrscheinlich ist.
☐ c) ausgeschlossen ist.

↑S. 54

82 Wo steht der Konditional II in Bedingungssätzen?

☐ a) Immer im Hauptsatz.
☐ b) Immer im Nebensatz mit *si*.
☐ c) Nie im Hauptsatz.

↑S. 76

83 Steht der *si*-Satz im Präsens, steht der Hauptsatz ...

☐ a) im Präsens oder im Futur.
☐ b) immer im Präsens.
☐ c) immer im Futur.

↑S. 40

84 Die *nous*-Form des Verbs *connaître* lautet im Präsens ...

☐ a) nous connaissons.
☐ b) nous connaitrons.
☐ c) nous connaisons.

↑S. 55

85 Wie lauten die *nous*- sowie die *vous*-Form des Verbs *porter* im Subjontif présent korrekt?

☐ a) nous portions, vous portiez
☐ b) nous portons, vous portez
☐ c) nous portiens, vous portez

↑S. 57

86 Nach welchem Verb muss der Subjonctif stehen?

☐ a) Il me plaît que ...
☐ b) J'espère que ...
☐ c) Je crois que ...

87 Welches dieser Verben hat regelmäßige Subjonctif-Formen? ↑ S. 56

☐ **a)** Das Verb *aller.*
☐ **b)** Das Verb *finir.*
☐ **c)** Das Verb *faire.*

88 Der *si*-Satz steht im Imparfait, der Hauptsatz im Konditional I. Die Erfüllung der Bedingung ... ↑ S. 76

☐ **a)** ist möglich.
☐ **b)** ist wahrscheinlich.
☐ **c)** ist unmöglich oder wenig wahrscheinlich.

89 Welchen Endungen entsprechen die Subjonctif-Endungen in der 1. und 2. Person Plural? ↑ S. 55

☐ **a)** Denen des Präsens der Verben auf *-ir.*
☐ **b)** Denen des Präsens der Verben auf *-er.*
☐ **c)** Denen des Imparfait.

90 Wenn die Verben *penser que, croire que* und *trouver que* verneint werden, ... ↑ S. 57

☐ **a)** folgt ihnen der Indikativ.
☐ **b)** folgt ihnen der Subjonctif.

91 Welche Konjunktion löst den Subjonctif aus? ↑ S. 58

☐ **a)** Die Konjunktion *avant que.*
☐ **b)** Die Konjunktion *après que.*

92 Das Participe présent wird gebildet aus ... ↑ S. 59

☐ **a)** dem Stamm der *nous*-Form im Präsens + *-ent.*
☐ **b)** dem Stamm der *nous*-Form im Präsens + -iant.
☐ **c)** dem Stamm der *nous*-Form im Präsens + *-ant.*

93 Worum handelt es sich bei den beiden Beispielen *en jouant* und *tout en faisant?* ↑ S. 60

☐ **a)** Um das Participe présent.
☐ **b)** Um das Gérondif.
☐ **c)** Um den Subjonctif.

↑ S. 67 **94** Wobei handelt es sich um eine Inversionsfrage?
- ☐ a) Tu viens avec nous?
- ☐ b) Est-ce que tu viens avec nous?
- ☐ c) Viens-tu avec nous?

↑ S. 67 **95** Wie ist es richtig?
- ☐ a) A-t-il passé de bonnes vacances?
- ☐ b) A-il passé de bonnes vacances?
- ☐ c) A il passé de bonnes vacances?

↑ S. 76 **96** Bedingungssätze werden eingeleitet mit ...
- ☐ a) quand.
- ☐ b) que.
- ☐ c) si.

↑ S. 55 **97** Was kann mit dem Subjonctif ausgedrückt werden?
- ☐ a) Eine Bedingung.
- ☐ b) Eine bestimmte Sprecherhaltung (Modus).
- ☐ c) Ein Befehl oder ein Ratschlag.

↑ S. 76 **98** Im *si*-Satz steht nie ...
- ☐ a) Präsens.
- ☐ b) Futur.
- ☐ c) Imparfait.

↑ S. 56 **99** Wie lautet die Regel? Der Subjonctif steht in den meisten Fällen in ...
- ☐ a) Hauptsätzen.
- ☐ b) Nebensätzen, die mit *si* eingeleitet werden.
- ☐ c) Nebensätzen, die mit *que* eingeleitet werden.

↑ S. 76 **100** Steht der *si*-Satz im Plus-que-parfait, steht der Hauptsatz im ...
- ☐ a) Konditional I.
- ☐ b) Konditional II.
- ☐ c) Präsens.

Lösungen

Einfach		Mittel		Schwer	
1 a)	21 b)	30 c)	46 c)	62 b)	82 a)
2 b)	22 c)	31 b)	47 a)	63 c)	83 a)
3 b)	23 a)	32 a)	48 a)	64 c)	84 a)
4 a)	24 b)	33 b)	49 c)	65 c)	85 a)
5 a)	25 c)	34 b)	50 b)	66 a)	86 a)
6 c)	26 b)	35 b)	51 b)	67 b)	87 b)
7 a)	27 b)	36 a)	52 b)	68 c)	88 c)
8 c)	28 b)	37 a)	53 a)	69 a)	89 c)
9 b)	29 a)	38 c)	54 b)	70 b)	90 b)
10 a)		39 a)	55 c)	71 c)	91 a)
11 b)		40 b)	56 a)	72 c)	92 c)
12 c)		41 c)	57 c)	73 a)	93 b)
13 b)		42 a)	58 a)	74 b)	94 c)
14 a)		43 a)	59 a)	75 c)	95 a)
15 a)		44 a)	60 c)	76 a)	96 c)
16 c)		45 c)	61 a)	77 b)	97 b)
17 a)				78 c)	98 b)
18 b)				79 a)	99 c)
19 b)				80 b)	100 b)
20 c)				81 c)	

Bibliografische Information der Deutschen Nationalbibliothek
Die Deutsche Nationalbibliothek verzeichnet diese Publikation in der Deutschen Nationalbibliografie; detaillierte bibliografische Daten sind im Internet über http://dnb.ddb.de abrufbar.

4., aktualisierte Auflage

D C B A
Bibliographisches Institut GmbH
Mecklenburgische Straße 53, 14197 Berlin

Redaktionelle Leitung Heike Krüger-Beer
Redaktion Claudia Fahlbusch, Cornelia Schaller, Marion Krause
Autoren Veronika Kirschstein, Claudia Fahlbusch

Herstellung Ursula Fürst
Typografisches Konzept Horst Bachmann
Illustrator Peter Lohse, Büttelborn
Umschlaggestaltung Michael Acker
Satz Robert Turzer, CH-3995 Ernen
Druck und Bindung fgb – freiburger graphische betriebe GmbH & Co. KG
Bebelstraße 11, 79108 Freiburg i. Br.
Printed in Germany

ISBN 978-3-411-72524-3

Stichwortfinder